曹薰铉、李昌镐精讲围棋系列

李昌镐 围棋研究室 —— 编著

精讲围棋死活 ❹

化学工业出版社
·北京·

图书在版编目（CIP）数据

精讲围棋死活.4/李昌镐围棋研究室编著.—北京：化学工业出版社，2020.10
（曹薰铉、李昌镐精讲围棋系列）
ISBN 978-7-122-37494-3

Ⅰ.①精… Ⅱ.①李… Ⅲ.①死活棋(围棋) Ⅳ.①G891.3

中国版本图书馆CIP数据核字(2020)第145364号

责任编辑：史　懿　　　　　　　　　装帧设计：刘丽华
责任校对：李雨晴

出版发行：化学工业出版社（北京市东城区青年湖南街13号　邮政编码100011）
印　　装：大厂聚鑫印刷有限责任公司
710mm×1000mm 1/16　印张12　字数180千字　2020年10月北京第1版第1次印刷

购书咨询：010-64518888　　　售后服务：010-64518899
网　　址：http://www.cip.com.cn
凡购买本书，如有缺损质量问题，本社销售中心负责调换。

定　价：49.80元　　　　　　　　　　　　　　　　版权所有　违者必究

职业棋手在下每一手棋时，对其以后的各种变化都会经过仔细的计算。他们将每一变化在脑海里像放电影似的反复演示，并判断出最佳下法，之后才会在棋盘上落子。

但业余棋手，尤其是初学围棋的人下棋时，虽紧紧盯着棋盘，眼中却没有这手棋以后的变化，只是一味地将棋子下在棋盘上。他们行棋的速度很快，所关心的也只是谁输谁赢。养成这种习惯，对提高棋力绝对有害无益。

因此在下每一手棋时，都应认真考虑对方会如何应付，而自己接下来又该怎样下，这样的思考方式非常重要。这种在脑海中分析以后各种变化的能力，就是人们经常提到的计算能力。

每当有人问我"如何才能提高围棋水平"时，我总是回答"培养计算能力是提高棋力的捷径"。而经常接触死活问题，也是培养计算能力的最好方法。初学围棋者在解答那些普通死活题时，由于往往事先就知道了正确答案，因此成效不大。只有在不知道正确答案的前提下，通过对每一问题中各种变化的充分分析，才能起到事半功倍的作用。

《精讲围棋死活》题目的难度逐步提升，大体上以每两册为一个台阶，分为初、中、高三个层次。做题时，应尽量凭自己的计算认真解答，而不要着急翻看答案。通过解题，您会发现，自己的棋力在不知不觉中提高了许多。

李昌镐

2020 年 8 月

围棋是中国的国粹，它能启发智力，开拓思维，是一项非常有益的修身养性的娱乐活动。成人通过学习围棋，可以培养自己良好的心境和大局观；儿童通过学习围棋，可以培养耐心，提高注意力，锻炼独立思考能力，挖掘思维潜能。学习围棋对课业学习也有十分明显的帮助。

　　那么如何学习围棋？如何学好围棋？什么样的围棋书才能更有针对性地提升棋艺水平？

　　韩国棋手曹薰铉、李昌镐不仅是韩国围棋的代表人物，在国际棋界也有举足轻重的地位。我们经与曹薰铉、李昌镐本人直接接洽，使得本系列书得以顺利出版。

　　本系列书包括定式、布局、棋形、中盘、对局、官子、死活、手筋共8个主题，集曹薰铉、李昌镐成长经验和众多棋手的智慧于一体，使用了韩国职业棋手的大量一手资料，其难度贯穿了围棋入门、提高、实战和入段等各个阶段，内容覆盖了实战围棋各个方面，是非常系统且透彻的围棋自学读物。

　　《精讲围棋死活》每册收录了各类死活问题120余道。从棋形急所、做眼破眼要点、手筋应用、行棋次序等方面，锻炼读者的计算能力，重视死活问题第一手棋的行棋方向，强调实战技巧。

　　本书由陈启等承担资料翻译、整理工作，由石心平、范孙操负责稿件审校，并得到曹薰铉、李昌镐围棋研究室众多成员的大力协助，在此对他们的辛勤劳动表示诚挚的感谢。

　　衷心希望广大围棋爱好者能通过学习本书迅速提高棋力，并由此享受围棋带来的快乐。

编著者
2020年7月

上篇　做活

问题 1	1	问题 27	40
问题 2	1	问题 28	40
问题 3	4	问题 29	43
问题 4	4	问题 30	43
问题 5	7	问题 31	46
问题 6	7	问题 32	46
问题 7	10	问题 33	49
问题 8	10	问题 34	49
问题 9	13	问题 35	52
问题 10	13	问题 36	52
问题 11	16	问题 37	55
问题 12	16	问题 38	55
问题 13	19	问题 39	58
问题 14	19	问题 40	58
问题 15	22	问题 41	61
问题 16	22	问题 42	61
问题 17	25	问题 43	64
问题 18	25	问题 44	64
问题 19	28	问题 45	67
问题 20	28	问题 46	67
问题 21	31	问题 47	70
问题 22	31	问题 48	70
问题 23	34	问题 49	73
问题 24	34	问题 50	73
问题 25	37	问题 51	76
问题 26	37	问题 52	76

下篇　杀棋

问题 53	79	问题 88	130
问题 54	79	问题 89	133
问题 55	82	问题 90	133
问题 56	82	问题 91	136
问题 57	85	问题 92	136
问题 58	85	问题 93	139
问题 59	88	问题 94	139
问题 60	88	问题 95	142
问题 61	91	问题 96	142
问题 62	91	问题 97	145
问题 63	94	问题 98	145
问题 64	94	问题 99	148
问题 65	97	问题 100	148
问题 66	97	问题 101	151
问题 67	100	问题 102	151
问题 68	100	问题 103	154
问题 69	103	问题 104	154
问题 70	103	问题 105	157
问题 71	106	问题 106	157
问题 72	106	问题 107	160
问题 73	109	问题 108	160
问题 74	109	问题 109	163
问题 75	112	问题 110	163
问题 76	112	问题 111	166
问题 77	115	问题 112	166
问题 78	115	问题 113	169
问题 79	118	问题 114	169
问题 80	118	问题 115	172
问题 81	121	问题 116	172
问题 82	121	问题 117	175
问题 83	124	问题 118	175
问题 84	124	问题 119	178
问题 85	127	问题 120	178
问题 86	127	问题 121	181
问题 87	130	问题 122	181
		问题 123	184

上篇

做活

问题 1

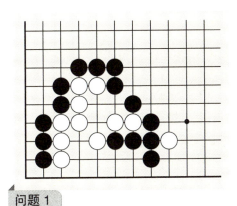

问题 1

白先。本题中白棋的生存空间不大，因此其做活的范围也受到一定限制。现在白棋在上方有一后手眼，因此须先手在下方做成另一眼。请问白棋应如何下？

问题 2

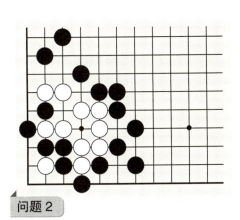

问题 2

白先。本题中白棋仅在中间可成一眼，现在白棋应充分利用被黑棋包围的一个子，并利用角上的特殊性进行抵抗。如果下成打劫活，即可告成功。请问白棋应如何下？

问题1 解说

图1 正解

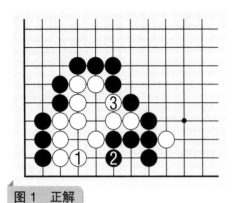

图1 正解

白1是做眼的好棋,由此可以先手在下方确保一眼,其后只要在2位和3位中居其一即可活棋。

图2 失败1

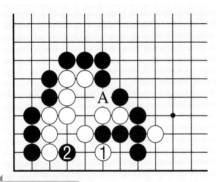

图2 失败1

白1先扳,如果黑A位应,白棋再在2位做眼,白棋可以活,但实际上这只是白棋单方面的想法。黑2直接破眼后,白棋已不可能先手在下方确保一眼。

图3 失败2

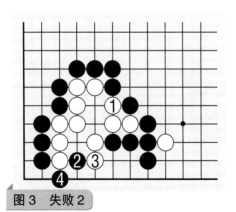

图3 失败2

白1在上方直接做眼是不负责任的下法,黑2破眼后,白棋即不可能活。

问题 2 解说

图 1 正解

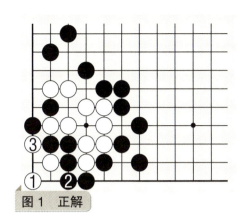

图 1 正解

白 1 尖是独特的下法，黑 2 如果连接，白 3 扑可以做劫。

图 2 变化

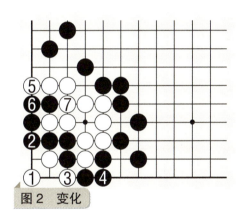

图 2 变化

白 1 时，黑 2 如果连接，白 3 扑同样可以做劫。黑 4 时，白 5、7 是当然的。这样下黑棋如果打劫失败，损失太大，因此还是以选择正解的进行为妥。

图 3 失败

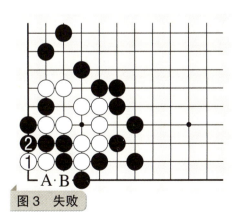

图 3 失败

白 1 下立，黑 2 连接后，白棋即不可能活棋。白 1 如果下在 A 位，黑 B 应后，白棋同样不能活。

问题 3

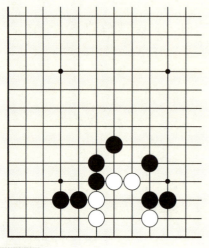

问题 3

白先。本题中的白棋是选择挡还是选择退？第一手棋将决定白棋的死活，其后的进行比较简单。请问白棋应如何下？

问题 4

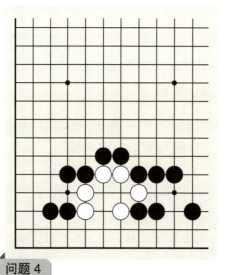

问题 4

白先。有一定棋力的读者应该一眼就能找到本题的正确答案。请问白棋应如何下？

问题3 解说

图1 正解

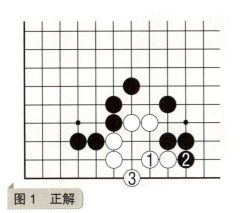

图1 正解

白1退是正确的下法,其后黑2挡,白3可以做活,因白棋在左右两侧均可做眼。

图2 变化

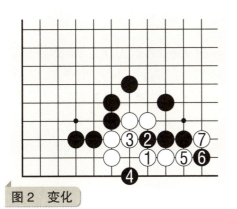

图2 变化

白1时,黑2与白3交换后,黑4点是杀棋的唯一下法。但白5、7冲断后,黑棋由于外围比较空虚,这样下的结果是黑棋无理。

图3 失败

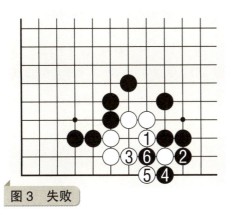

图3 失败

白1挡过于轻率,黑2时,白3虽是最强的应手,但黑4打吃,白棋还不能连接,因此只好白5做劫。与正解相比,差别极大。

问题4 解说

图1 正解

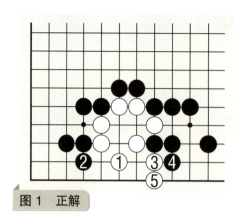
图1 正解

白1是做活的唯一要点，它不仅确保上方一眼，还利于再在左或右侧做眼。黑2在左侧破眼时，白3、5可以活棋。若黑2下3位，白棋下2位，结果相同。

图2 失败1

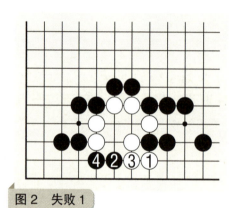
图2 失败1

白1扳缺乏思考，黑2点是严厉的攻击手段，其后白3连接时，黑4拉回，结果白棋不能活。

图3 失败2

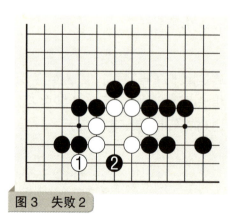
图3 失败2

白1扳，结果与图2相同。黑2点同样是致命一击，白棋不能活。因此，正解中的白1是唯一正确的下法。

问题 5

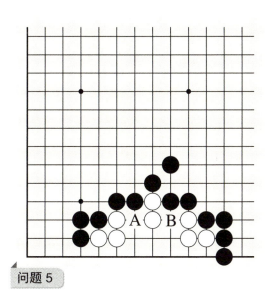

白先。白棋 A 位和 B 位都是断点，那么这两个位置先接哪一处好呢？除此之外，是否还有其他的选点？

问题 5

问题 6

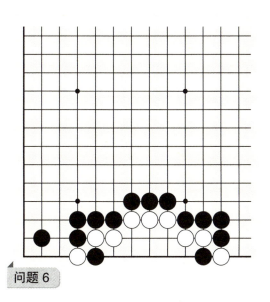

白先。初看本题，很多人也许会认为这样的棋形白棋必死无疑，但通过计算，大家就会发现，其结果并非令人失望。请问白棋应如何下？

问题 6

问题5 解说

图1 正解

白1虽然有些意外，却是做活的唯一要点。黑2、4冲时，白3、5挡住，白棋可活。

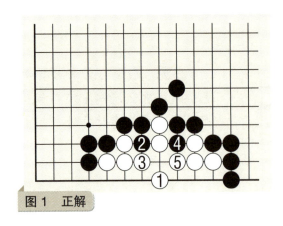

图1 正解

图2 失败1

白1挡，虽然看起来很重要，但黑2以下至黑8，结果白棋不能活。

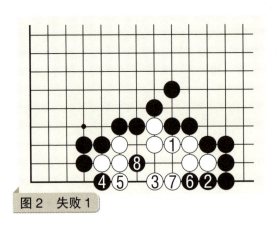

图2 失败1

图3 失败2

白1是不懂围棋死活知识的下法，以下至白5，白棋的死活决定于现在该谁下。由于现在该黑棋下，黑6、8后，白棋不能活。

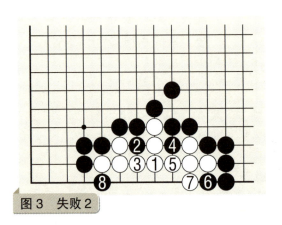

图3 失败2

问题 6 解说

图 1 正解

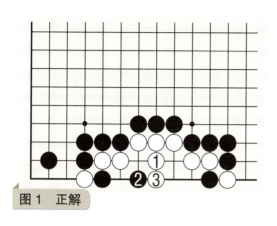

图 1 正解

白 1 虎是做活的手筋，黑 2 时，白 3 挡即可。

图 2 变化

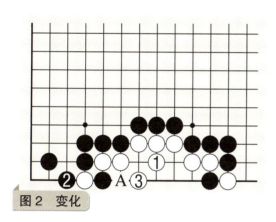

图 2 变化

白 1 时，黑 2 如果提子，白 3 或白 A 应后，白棋完全可以活棋。由此也可充分证明，只要占据 1 位，白棋即充满活力。

图 3 失败

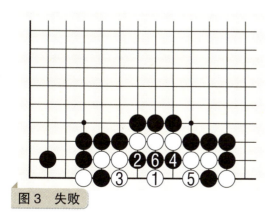

图 3 失败

白 1 是失败之举，黑 2 以下至黑 6 是正确的攻击次序，白棋难免一死。其中黑 2 与黑 4 位置互换，结果一样。

问题 7

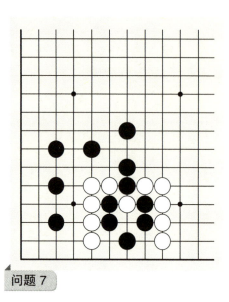

问题 7

白先。白棋五子已处于黑棋的包围之中,仅靠其本身做活已不可能,如要活棋,只有与右侧的白棋取得联络。请问白棋应如何下?

问题 8

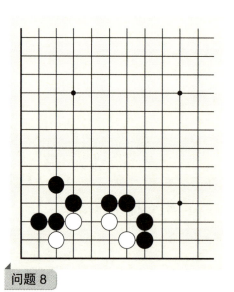

问题 8

白先。本题中白棋可供选择的点不多,请问白棋确保两个眼并可兼补断点的点在哪里?

问题 7 解说

图 1 正解

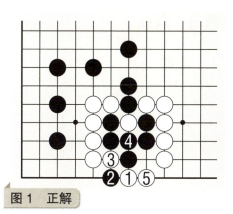

图 1 正解

白 1 渡过是急所，如果您能一下子就感觉出来，则说明您有高手的潜质。其后黑 2 扳，白 3 先手利用后，白 5 可以顺利联络。

图 2 变化

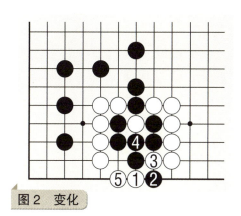

图 2 变化

白 1 时，黑 2 如果从右侧扳，白 3、5 同样得要领，结果与正解相同。因此白 1 后，白棋即可巧妙渡过。

图 3 失败

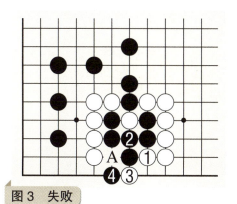

图 3 失败

白 1 先打次序错误，黑 2 提子，白 3 扳，此时黑 4 阻断可以成立。而前两图中，白下 A 位是先手，本图中情况就发生了变化。

问题 8 解说

图 1 正解

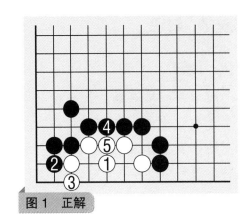

图 1 正解

白 1 是急所，由于有了白 1 这手棋，黑棋的所有攻击手段均不复存在。以下至白 5，便可充分证明。

图 2 失败 1

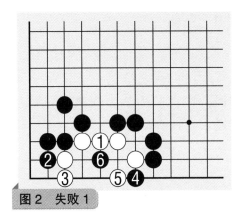

图 2 失败 1

白 1 接缺少弹性，未能充分考虑眼形。黑 2 以下至黑 6 是基本破眼手段，结果白棋不能活。

图 3 失败 2

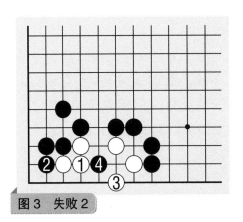

图 3 失败 2

白 1 连接，欠缺手段。黑 2 挡，白 3 试图做眼，但黑 4 点后，白棋不能活。

问题 9

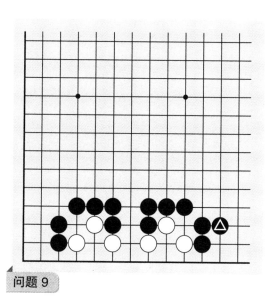

白先。如果没有黑▲一子，黑白双方左右棋形完全相同。请问白棋一手即可做活的点在哪里？

问题 9

问题 10

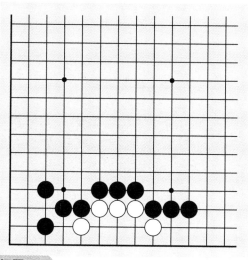

白先。很多人也许会认为，本题中白棋生存空间比较大，不管怎么下都可活棋，但实际上正确答案只有一个。请问白棋应如何下？

问题 10

问题9 解说

图1 正解

左右同形走中央，因此白1是做活的急所，由此可以在左右两侧各确保一眼。黑2时，白3应即可。

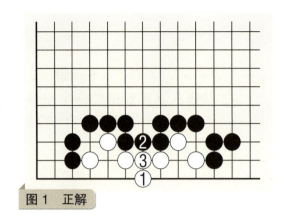
图1 正解

图2 失败1

白1虽处于左右同形的中央，但选位错误。黑2以下至黑8，白棋不能活。

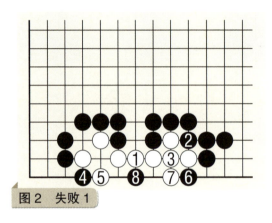
图2 失败1

图3 失败2

白1挖，被黑2点后，白棋即不能活。黑2如在A位挡，则白棋可在2位做劫。

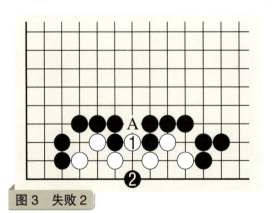
图3 失败2

问题 10 解说

图 1 正解

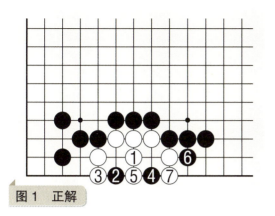

图 1 正解

白1虎，位于左右同形的中央，是做活的急所。黑2以下至黑6攻击，下至白7，白可活棋。

图 2 失败 1

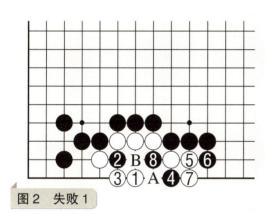

图 2 失败 1

白1跳补不对，黑2攻击极其严厉，白棋难免一死。白3时，黑4是巧妙的手筋。其后白5若下在7位或白A位，黑B位应即可；白5若下在8位，黑棋则在5位或7位应即可。

图 3 失败 2

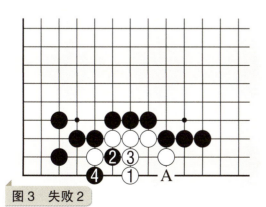

图 3 失败 2

白1、黑2时，白3连接，黑4打吃后，白棋不能活。其中白3如下在4位，黑A靠即可。

问题 11

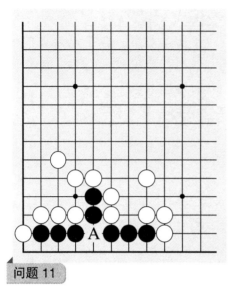

黑先。黑棋如在A位有子,根据"七死八活"的围棋格言,黑棋可简单活棋。请问在本题中,黑棋如何下才能活?

问题 11

问题 12

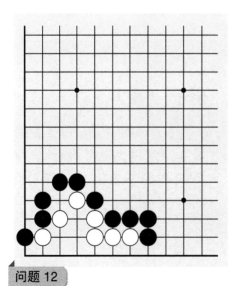

白先。本题中白棋的生存空间虽然不小,但必须立即补断点,否则不可能活棋。请问白棋应如何下?

问题 12

问题 11 解说

图 1 正解

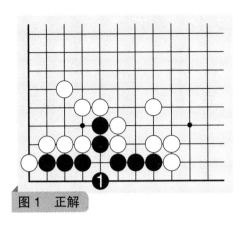

图 1 正解

黑1是做活的手筋，这手棋不仅位于左右同形的中央，而且由此可以在左右侧各确保一眼。

图 2 失败 1

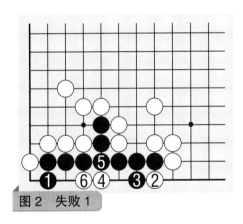

图 2 失败 1

黑1下立是失败之举，白2扳后，白4、6破眼，结果黑棋不能活。

图 3 失败 2

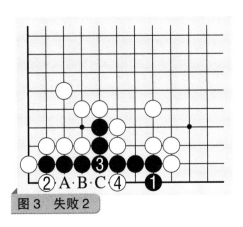

图 3 失败 2

黑1下立虽然与图2相似，但白棋应略加注意，即白2、黑3时，白4点是正确的攻击方法。白4如果下在A位，黑棋下在4位，其后白B时，黑C可以吃白接不归。

问题 12 解说

图 1 正解

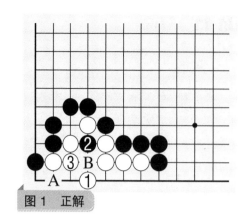

图 1 正解

白 1 间接补断点，并且是确保两只眼的急所。黑 2 扑时，白 3 或白 A 应，白棋活。其中白 3 如果下在 B 位，黑棋下在 A 位，白棋将出问题。

图 2 失败 1

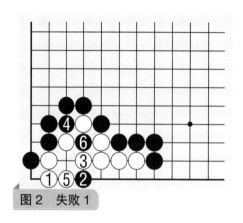

图 2 失败 1

白 1 下立，过于随手。此时黑 2 点是急所，以下进行至黑 6，白棋仅下成打劫活。其中黑 2 如果下在 4 位，白棋下在 2 位，又还原成正解的进行。

图 3 失败 2

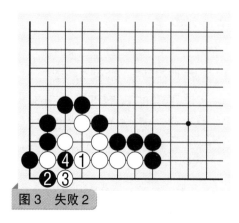

图 3 失败 2

白 1 做眼，被黑 2 打后，白棋不可能无条件活棋。以下白 3、黑 4，双方仍要打劫，而且是一个套劫，这对白棋是最坏的结果。

问题 13

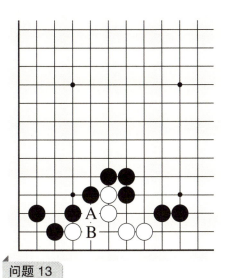

白先。白棋是选择在 A 位先手挤，还是在 B 位退，将决定白棋的死活。那么请问白棋应如何下？

问题 13

问题 14

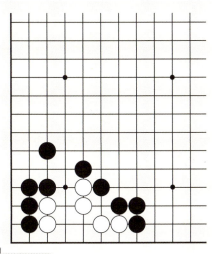

白先。黑棋的包围网比较坚固，白棋要逃出黑棋的包围已不可能，请问白棋如何下才能活棋？本题是实战中经常出现的问题。

问题 14

问题 13 解说

图 1 正解

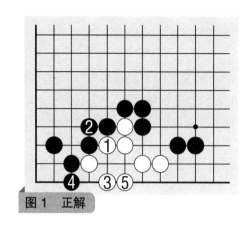

图 1 正解

白 1 先手与黑 2 交换非常重要，其后白 3、5，白棋即可活。而且白 3 如果下在 5 位，同样可以活棋。

图 2 变化

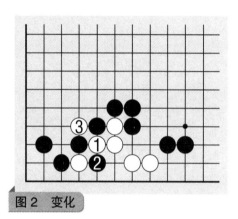

图 2 变化

白 1 时，黑 2 打吃白棋一子无理，白 3 双打吃后，黑棋大损。

图 3 失败

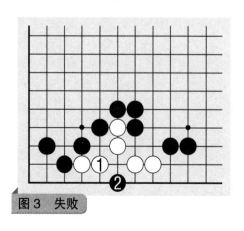

图 3 失败

白 1 退不可能活棋，黑 2 点是严厉的攻击方法，白棋的空间一下子被缩小了。

问题 14 解说

图 1 正解

白 1 是富有弹性的下法，其后白棋只要在 2 位和 3 位中居其一即可活棋。

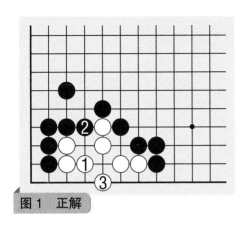

图 1 正解

图 2 失败 1

白 1 下立不得要领，此时黑 2 是明显的攻击手段，白 3 时，黑 4 简单破眼，白棋即不能活。

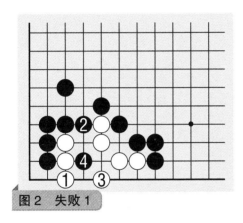

图 2 失败 1

图 3 失败 2

白 1 时，黑棋如在 3 位挡，白棋在 2 位应后，白棋可活，但黑棋肯定不会这样下。黑 2 夹攻即是严厉的攻击手段，结果白棋不能活。

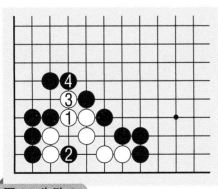

图 3 失败 2

问题 15

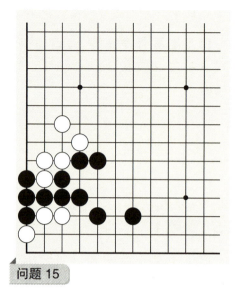

问题 15

白先。本题主要是考察白棋能否在角上活棋。请问白棋做活的常用手法是什么？请一手棋即解决问题。

问题 16

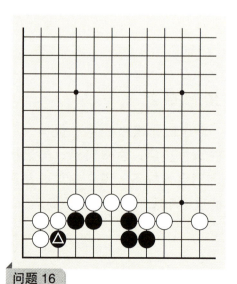

问题 16

黑先。黑棋如何连接△一子，将直接影响黑棋的死活。请问黑棋是选择接还是选择虎或下立的下法好呢？

问题 15 解说

图 1 正解

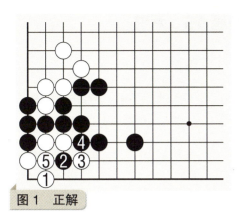

图1 正解

白1虎是常用的下法，由此可以在左侧确保一眼，而且还可在右侧做成另一眼。黑2攻击时，白3可以成立，至白5，白棋活。

图 2 白败

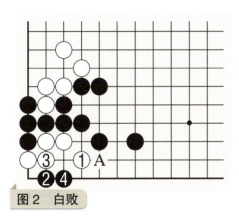

图2 白败

白1尖，其意是黑A挡时，白棋在2位做活，但这是白棋单方面的想法。黑2点严厉，白3时，黑4破眼，白棋不能活。

图 3 黑败

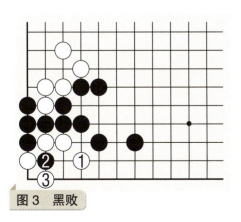

图3 黑败

白1时，黑2断错误，白3抵抗，双方下成打劫。这是黑棋攻击失败的例图。

问题16 解说

图1 正解

黑1虎是正解,由此可以确保眼形。白2时,黑3应是要领。

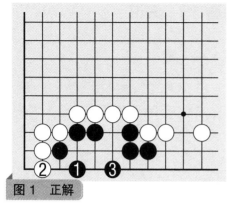

图2 失败1

黑1下立显得贪心,白2是猛烈的攻击手段(其他下法均不能成立),黑3时,白4、6应对,黑棋不能活。

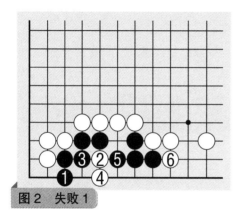

图3 失败2

黑1虎方向错误,白2打正确,黑3仅仅可以做劫。其中白2如果下在3位,黑棋下在2位,黑棋净活。

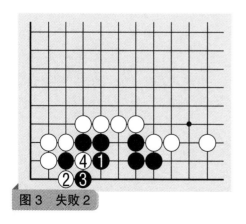

问题 17

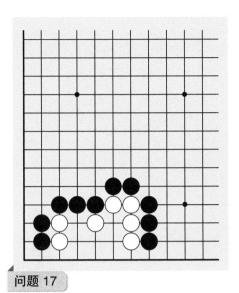

白先。本题是实战死活的一种，因此大家应牢记。请问白棋是选择挡，还是选择抢占要点？

问题 17

问题 18

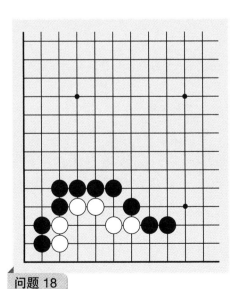

白先。白棋在本题中应换个角度来考虑问题，即从黑棋的角度来考虑攻杀白棋的要点，那么其攻击的要点即是白棋的做活要点。请问白棋应如何下？

问题 18

问题 17 解说

图 1 正解

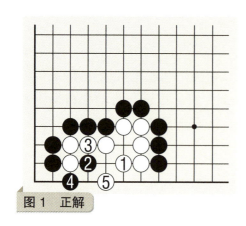
图1 正解

白1先做眼是正确的下法，其后黑2、4破眼，但至白5，白棋还可在下方确保另一只眼。

图 2 失败 1

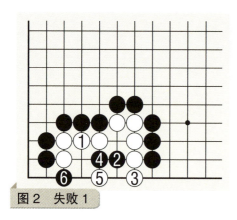
图2 失败1

白1挡，其意图是确保空间，但黑2是攻击的急所，白3下立时，黑4、6攻击，白棋不能活。

图 3 失败 2

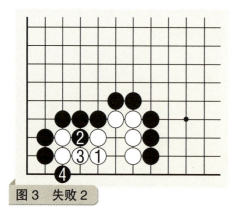
图3 失败2

白1双，根本无法活棋。黑2、4是显而易见的破眼方法，结果白棋不活。可见白棋除正解中的白1外，其他下法都不行。

问题 18 解说

图 1 正解

白 1 是确保两眼做活的唯一要点，其后黑 2 断虽是常用的下法，但白 3 以下至白 7 后，白棋可以活。

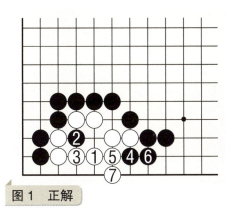

图 1 正解

图 2 失败 1

白 1 与黑 2 交换后，白 3 虎，其意图是活得更大一点，但黑 4 点是严厉的攻击手段，以下进行至黑 10，白棋难免一死。

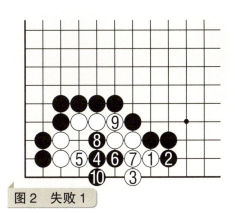

图 2 失败 1

图 3 失败 2

白 1 单跳，被黑 2、4 攻击后，白棋不活。其后续变化请大家自己研究一下。

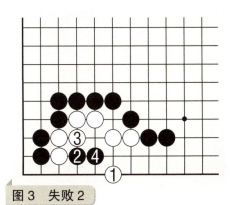

图 3 失败 2

问题 19

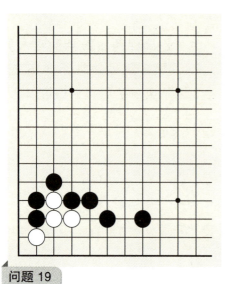

白先。本题在实战中经常出现，白棋在角上的先手利用可确保做活。请问白棋应如何下？

问题 19

问题 20

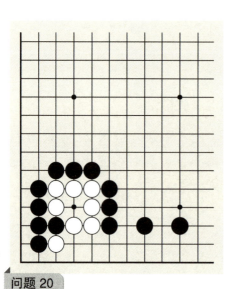

白先。白棋只要在下方再做一眼即可活棋，因此本题比较简单。请问白棋应如何下？

问题 20

问题 19 解说

图 1 正解

白 1 先与黑 2 交换是本题的关键所在，其后白 3 虎是做活的急所，对此黑棋已无攻击手段。

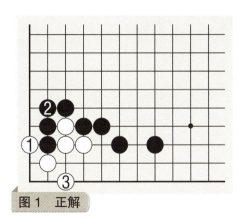

图 1 正解

图 2 失败 1

白 1 与黑 2 交换后，白 3 尖野心勃勃，黑 4 以下至黑 8 攻击，白棋只能打劫活。

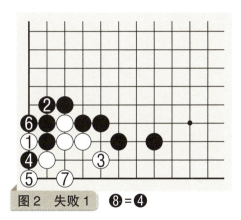

图 2 失败 1　8 = 4

图 3 失败 2

白 1 与黑 2 交换后，白 3 曲同样是失败之举。此时黑 4 点是攻击的急所，其后白 5、7 扩张时，黑 8 挖是好棋，白棋同样不能活。

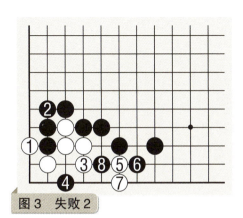

图 3 失败 2

问题 20　解说

图 1　正解

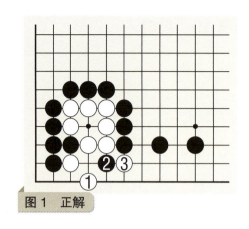
图 1　正解

白 1 虎是好棋，黑 2 时，白 3 断可以成立，白棋可以活。如果是实战，则黑 2 会下在 3 位，白棋在 2 位应。

图 2　失败 1

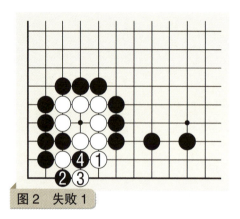
图 2　失败 1

白 1 是在正解中的白 1 不成立时使用的非常手段，黑 2 时，白 3 可以做劫。但在本题中属白棋失败。

图 3　失败 2

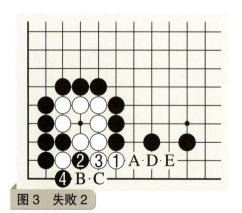
图 3　失败 2

白 1 扳，其意是黑 A 应时，白 B 或白 C 虎，从而可以活棋。但由于黑 2、4 的反击手段可以成立，结果白棋不能活。其后白 D 时，黑 A 挖或黑 E 虎，白棋都不能活。

问题 21

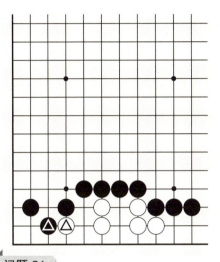

问题 21

白先。白⊕托时,黑▲虎,其后白棋如要活棋,尚需一连串的下法。请问白棋应如何下?如果下成打劫活,对白棋来说即意味着失败。

问题 22

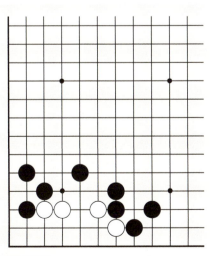

问题 22

白先。白棋四子看起来已相当弱,但由于白棋形具有弹性,因而活棋还有希望,当然不可能是无条件活棋。请问白棋应如何下?

问题 21 解说

图 1 正解

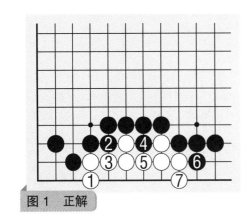

图 1 正解

白 1 下立是做活的急所，白棋也因此具备了充足的做活空间。黑 2 以下至黑 6 攻击，至白 7，白棋下成"直四"活棋。

图 2 失败 1

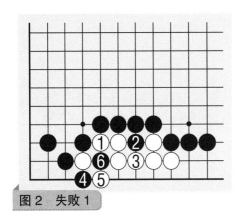

图 2 失败 1

白 1 挡，黑 2 冲，白 3 挡时，黑 4 可以强攻，至白 5，白棋只能打劫活，这是白棋不愿看到的结果。其中黑 4 如下在 5 位，白棋下在 4 位，白棋净活。

图 3 失败 2

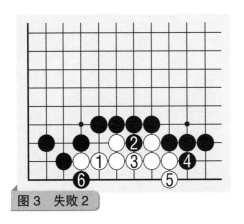

图 3 失败 2

白 1 连接，对做活丝毫没有帮助，黑 2 以下至黑 6 攻击，白棋不能活。

问题 22 解说

图 1 正解

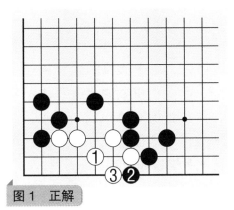

图 1 正解

白 1 虎是富有弹性的下法，黑 2 攻击也是当然的，白 3 做劫是正解，由此可以下成劫活。

图 2 变化

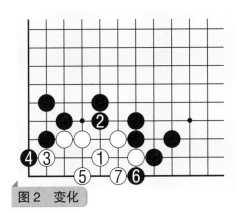

图 2 变化

白 1 时，黑 2 是极有力的攻击，此时白 3 与黑 4 交换后，白 5 尖是好棋，其后黑 6、白 7，双方又下成打劫，结果与正解相似。

图 3 失败

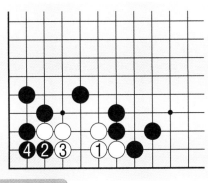

图 3 失败

白 1 连接是未能考虑到眼形的下法，黑 2、4 扳接后，白棋不活。

问题 23

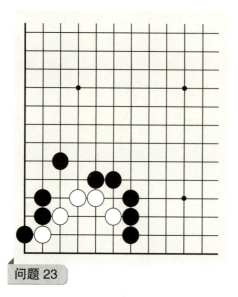

白先。由于黑棋的包围网过于坚固,因而白棋要冲出去根本不可能,并且就地做活也比较困难,如能下成打劫活即告成功。请问白棋的第一手棋该如何下?

问题 24

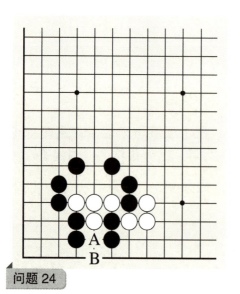

白先。白棋四子能否活出是本题的焦点,请问白棋应如何下?白棋应考虑到白A与黑B的交换。

问题 23 解说

图 1 正解

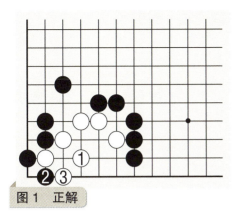
图 1 正解

白 1 虎是富有弹性的下法，黑 2 时，白 3 可以做劫，由此可以下成打劫活。

图 2 变化

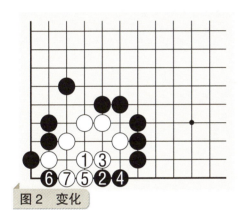
图 2 变化

白 1 时，黑 2 如果飞，白 3、5 应对，黑 6 打吃，白 7 同样可以做劫，结果与正解相似。

图 3 失败

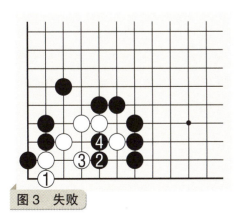
图 3 失败

白 1 下立过于死板，不可能活棋。黑 2、4 是最显而易见的攻击方法，白棋不活。

问题 24 解说

图 1 正解

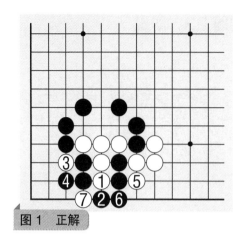

图 1 正解

白 1 与黑 2 交换后，白 3 断是极其锐利的下法。黑 4 被迫打吃，白 5 打吃后，白 7 扑，后续变化见图 2。

图 2 正解继续

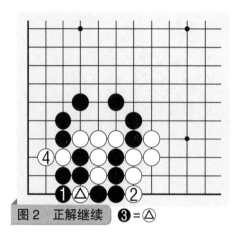

图 2 正解继续 ❸=△

黑 1 提子时，白 2 打吃，大家会立刻恍然大悟，此时黑 3 如果连接是无理的，白 4 下立后，黑棋的损失更大。

图 3 失败

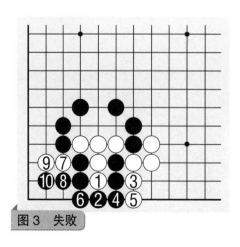

图 3 失败

白 1 至黑 4 进行后，白 5 打吃是大恶手。黑 6 连接，此时白 7 再断垂死挣扎，但以下至黑 10 后，与正解相比，形势完全不同。

问题 25

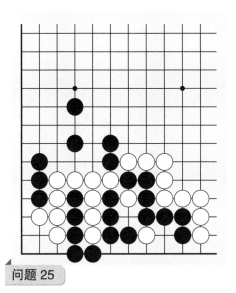

白先。角上白棋十一子本身已不可能做活，如要活棋，只有利用下方黑棋的弱点才行。请问白棋如何下才能活棋？

问题 26

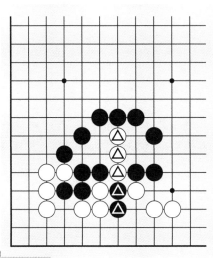

黑先。白△三子与黑▲二子的对杀是本题的焦点。目前白棋有四口气，而黑棋只有两口气。请问黑棋常用的长气方法是什么？

问题 25 解说

图 1 正解

白 1 下立是妙手，黑 2 只有阻渡，白 3 扑后，白 5 可吃接不归。

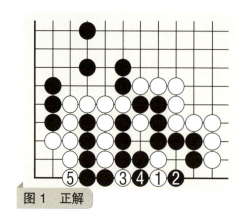

图 2 变化

白 1 时，黑 2 若连接，白 3 渡过后，黑棋全部不能活。

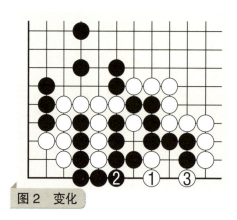

图 3 失败

白 1 先扑是重大错误，以下至白 7 渡时，黑 8 可以倒扑，白棋大败。因此正解中的白 1 才是巧妙的下法。

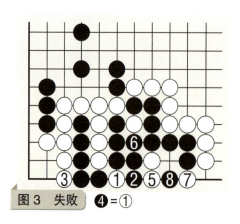

❹=①

问题 26 解说

图 1 正解

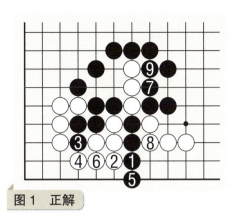

图 1 正解

黑 1 下立是长气的出发点，白 2 不得已挡时，黑 3 冲，其后黑 5 下立是绝妙的手筋。白 6 不得已连接时，黑 7、9 在上方紧气，黑棋在对杀中取胜。

图 2 失败 1

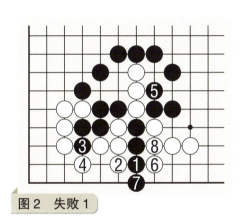

图 2 失败 1

正解中的黑 5 如果下成本图中的黑 5 收气则操之过急，是失败的下法。以下至白 8，黑棋在对杀中慢一气。

图 3 失败 2

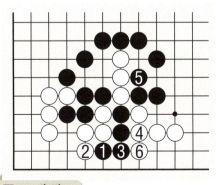

图 3 失败 2

黑 1 扳，对黑棋长气丝毫没有帮助，以下至白 6，白棋在对杀中取胜。其中黑 1 如果下在 6 位，白棋下在 1 位，黑棋仍失败。

问题 27

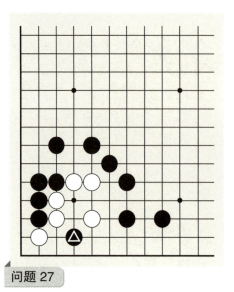

问题 27

白先。黑▲点时，由于黑棋的攻击过于严厉，白棋看似已不可能活棋。请问白棋能否利用角的特殊性来做活？

问题 28

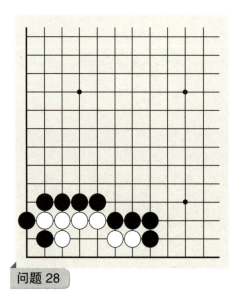

问题 28

白先。本题中的白棋已具备了活棋的空间，但要无条件活棋，还须有一个过程。请问白棋应如何下？注意不要犯行棋次序的错误。

问题 27 解说

图 1 正解

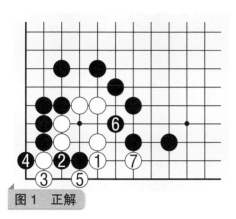

图1 正解

白 1 挡下是唯一的下法，黑 2 断时，白 3 可以下立，黑 4 扳时，白 5 紧气，黑 6 刺，白 7 托，白棋可以做活。

图 2 变化

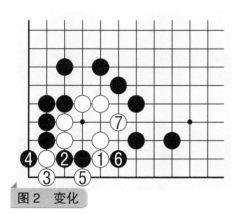

图2 变化

正解中的黑 6 如果下成本图中的黑 6 破眼，白 7 则是做活的要领。问题的关键是能否下出白 3 下立这一手。

图 3 失败

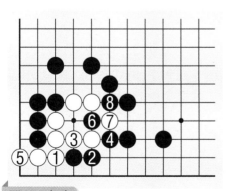

图3 失败

白 1 连接过于软弱，被黑 2 退回后，白棋不可能活。白 3 以下至白 7，白棋努力做眼，但至黑 8，白棋只能做出一只眼。

问题 28 解说

图 1 正解

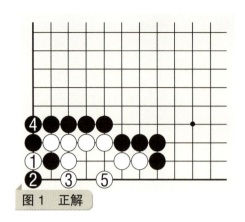
图 1 正解

白1扑后白3下立，先手与黑4交换非常重要，以后白5虎，白棋可以轻松做活。其中，白1先在3位立也成立。

图 2 失败 1

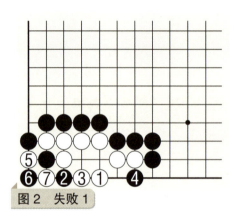
图 2 失败 1

白棋如果保留正解中的先手利用手段，而于白1虎，则次序有误。黑2、4是必然的攻击手段，白5、7应对后，白棋仅下成打劫活。

图 3 失败 2

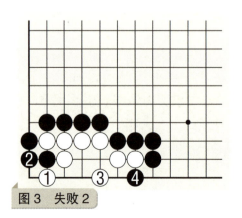
图 3 失败 2

白1与黑2交换毫无意义，其后白3虎时，黑4扳，白棋已不能活。这是初学者容易犯的错误。

问题 29

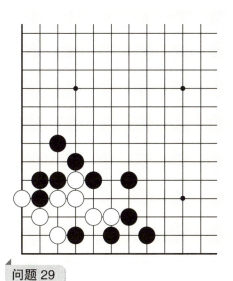

白先。如果大家在实战中,能将白棋轻松做活,则可以说完全具备了高手的棋力。请问白棋应如何下?请小心陷阱。

问题 29

问题 30

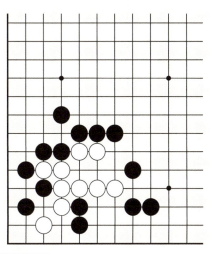

白先。白棋在中间已有一眼,因此白棋如要活棋,还须在角上再做一眼。请问其方法是什么?

问题 30

问题 29 解说

图 1 正解

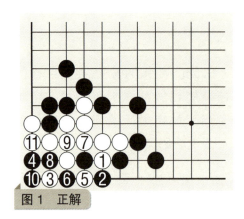

图 1 正解

白 1 与黑 2 交换后，白 3 虎是做活的急所，黑 4 时，白 5、7 扑吃可以成立。大家应注意的是黑 8 时，白 9 连接是冷静的好棋，至白 11，白棋活。

图 2 失败 1

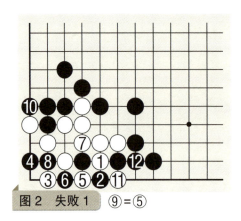

图 2 失败 1 ⑨=⑤

白 1 进行至黑 8 时，白 9 提二子是错误下法，黑 10 从外侧打吃后，白棋不活。

图 3 失败 2

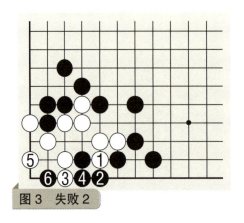

图 3 失败 2

白 1 与黑 2 交换后，白 3 下立是大俗手，白棋不可能活。

问题 30 解说

图 1 正解

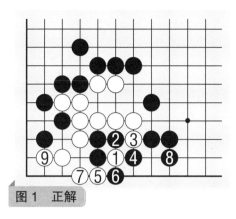
图 1 正解

白 1、3 是绝妙的事先准备工作，黑 4 时，白 5、7 则以吃黑接不归相威胁，以下至白 9，白棋可在角上做成一眼。其中白 1 与白 3 次序互换同样可行。

图 2 变化

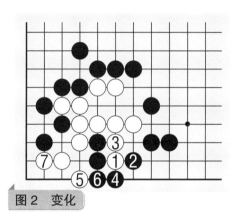
图 2 变化

白 1 时，黑 2 如果夹，白 3 以下至白 7 进行后，白棋仍是活棋。但这一进行就黑棋子力效果来说，不如正解。

图 3 失败

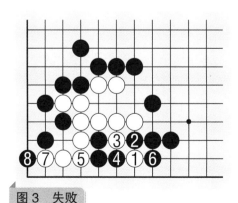
图 3 失败

白 1 跳下选点错误，黑 2、4 冲断，其后白 5 虽是先手，但至黑 8，白棋做不出第二只眼。

问题 31

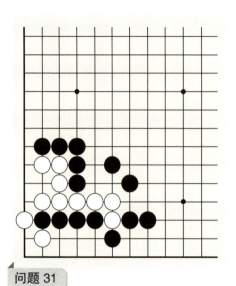

问题 31

白先。白棋在上方有一后手眼，因此白棋如要活棋，还必须在下方先手确保一眼。请问白棋如何下才能活棋？第一手棋是关键。

问题 32

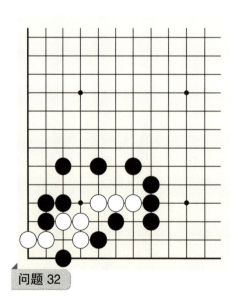

问题 32

白先。本题中的白棋应无条件地切断点进来的一枚黑子，问题是接下来怎么办。请问白棋应如何下？第三手棋是关键。

问题 31 解说

图 1 正解

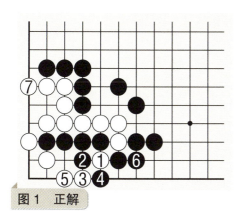

图 1 正解

如能发现白 1 断的下法，即已基本解决了问题。黑 2 时，白 3 在一路打吃是要领，白 5 在角上先手确保一眼后，白 7 在上方再做一眼，由此可以净活。

图 2 白败

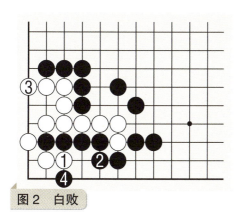

图 2 白败

白 1 爬时，黑 2 连接是好棋，白棋已不可能先手在角上做成一眼。其后白 3 时，黑 4 破眼，结果白棋不活。

图 3 黑败

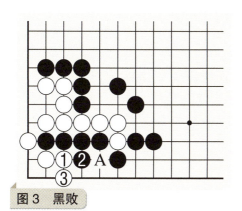

图 3 黑败

白 1 时，黑 2 挡是错误的下法，白 3 下立由于是先手，即白 A 扑后有吃接不归的手段，因而白棋可以做活。黑棋失败。

问题 32 解说

图 1 正解

白 1 切断和黑 2 破眼均是双方必然的下法，此后白 3 嵌是绝妙的手筋，黑▲一子只能束手就擒。

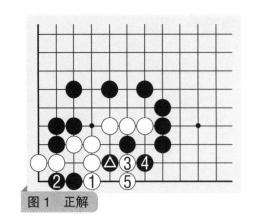

图 2 变化

如果是实战，白 1 时，黑 2 大概会补棋，让白 3 做活，这是黑棋稳妥的下法。

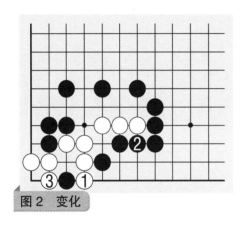

图 3 失败

白 1 挡，放弃做活，是白棋极其无力的下法。黑 2 渡过后，白棋已不可能活棋，其后的白 3 与黑 4 交换已毫无意义。

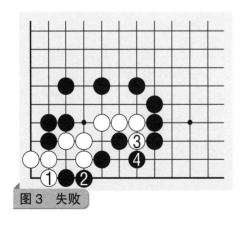

问题 33 ▸▸

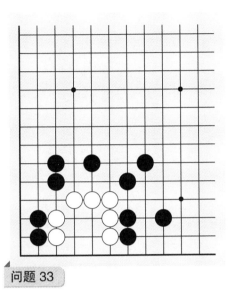

问题 33

白先。本题是古代流传至今的著名棋形，白棋在此情形下的下法已成为定式。那么请问白棋的定式下法是什么？

问题 34 ▸▸

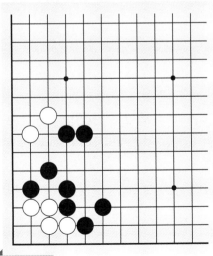

问题 34

白先。角上白棋本身已不可能活棋，但由于上方两个白子的存在，白棋可以利用渡过的余味巧妙做活。那么请问白棋兼顾渡过和做活的要点是什么？

问题 33 解说

图 1 正解

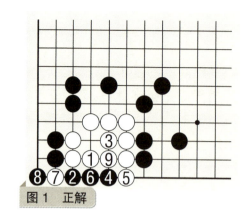

图 1 正解

白 1 曲是做活的急所，黑 2 扳谋图攻击，但白 3 做眼是好棋，以下进行至白 9，白棋可以扑吃黑接不归。

图 2 变化

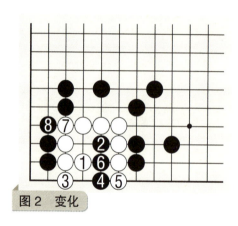

图 2 变化

白 1 时，黑 2 如点进来，白 3 下立则是准备好的对策，其后黑 4 攻击时，白 5、7 应对，白棋可下成先手双活。

图 3 失败

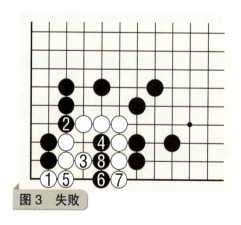

图 3 失败

白 1 与黑 2 交换后再白 3 曲，次序错误，被黑 4 至黑 8 攻击后，白棋不能活。

问题 34 解说

图 1 正解

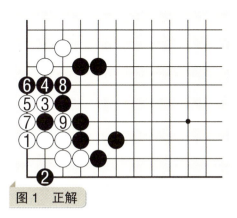

图 1 正解

白 1 下立是兼顾联络和做活的巧妙下法，黑 2 点眼时，白 3 是渡过的手筋，黑 4 以下至黑 8，黑棋虽可切断白棋的联络，但至白 9，白棋可活。

图 2 变化

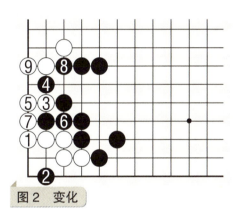

图 2 变化

正解中的黑 6 如果下成本图中的黑 6 连接，白 7 连接之后，白棋即可与上方的白子形成联络。黑 8 时，白 9 下立是稳健的下法。

图 3 失败

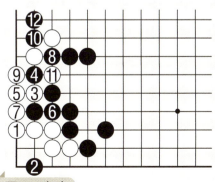

图 3 失败

白 1 进行至黑 8 时，白 9 是轻率之举，黑 10、12 是强手，结果白棋陷入绝境。图 2 中的白 9 下立正基于此。

问题 35

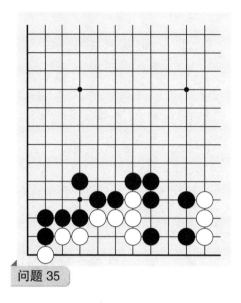

问题 35

白先。本题与问题 34 类似。如果在直觉上能发现右侧白三子的作用，即可以说是基本解决了问题。那么请问白棋应如何下？

问题 36

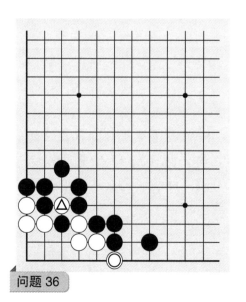

问题 36

白先。白△一子是白棋的做活希望，当然白〇一子对白棋的做活作用也很大。那么请问白棋做活的要点在哪里？

问题 35 解说

图 1 正解

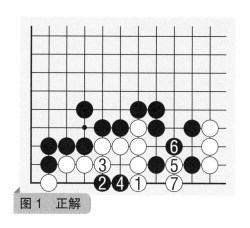

图 1 正解

白 1 下立是兼顾做活和与右侧联络的好棋，黑 2、4 破眼时，白 5 挖是绝妙的手筋，黑 6 时，白 7 下立，黑棋缺少后续手段。

图 2 变化

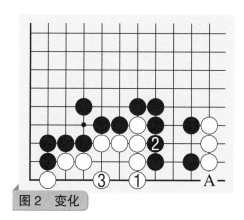

图 2 变化

白 1 时，黑 2 如果连接，白 3 即可活棋。如果是实战，黑 2 大多会选择在 A 位扳。

图 3 失败

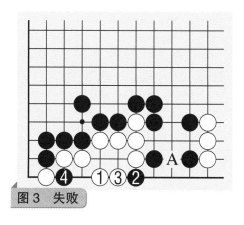

图 3 失败

白 1 虎看似可行，但实际上并非如此。此时黑 2 扳是好棋，白 3 时，黑 4 扑即可，而白 A 挖却不能成立，结果白棋不能活。

问题 36 解说

图 1 正解

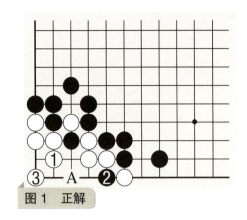

图1 正解

白1是做活的要点，黑2扑时，白3做眼后，白棋已活净。而黑A点已不能成立。

图 2 变化

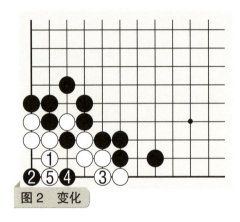

图2 变化

白1时，黑2点的话，白3接是好棋，其后黑4时，白5应，白棋可以活。

图 3 失败

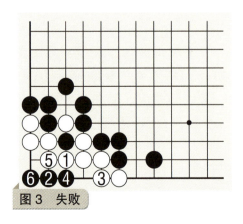

图3 失败

白1先提不可能活棋，此时黑2点是攻击的要点，以下进行至黑6成盘角曲四，白棋不活。

问题 37

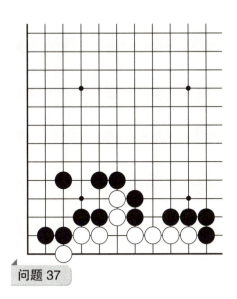

问题 37

白先。在本题中白棋的做活要点在哪里？方向选择将直接决定白棋的死活。那么请问白棋应如何下？

问题 38

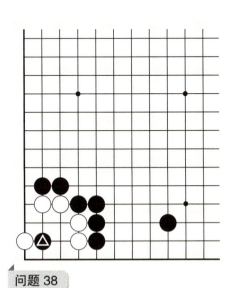

问题 38

白先。黑❸犹如一把匕首插在白棋的心脏，白棋如何处理将是死活的关键。那么请问白棋应如何下？本题中的白棋不可能无条件活棋，这一点应该注意。

问题 37 解说

图 1 正解

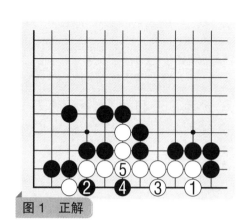
图 1 正解

白 1 下立，最大限度地扩展自己的生存空间，是活棋的唯一途径。黑 2 扑时，白 3 圆眼是好棋，黑 4 点时，白 5 连接，白棋可以活。

图 2 变化

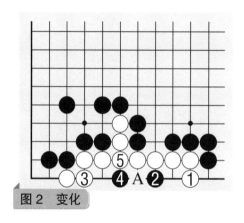
图 2 变化

白 1 时，黑 2 如果点进来，白 3 连接是好棋，黑 4 再点时，白 5 连接后，白棋可以活。其后黑 A 连接，只是后手双活。

图 3 失败

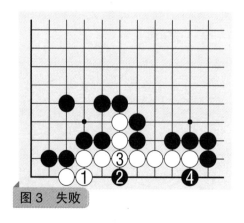
图 3 失败

白 1 方向错误，黑 2 点是严厉的手段，白 3 被迫连接后，黑 4 扳是决定性一击，结果白棋不能活。其中黑 2 如果下在 4 位扳，白棋下在 2 位，白棋即可活棋。

问题 38 解说

图 1 正解

白 1 扳是大家熟知的"二路一线"急所，黑 2 时，白 3 反打。下成打劫是双方的最佳进行。

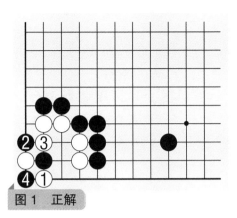

图 1　正解

图 2 失败 1

白 1 顶，黑 2 下立可以成立，白棋不能活。其后续变化希望大家自己去研究。黑 2 如下在 A 位，则白可在 2 位扳，之后黑 B、白 C，双方将下成打劫。

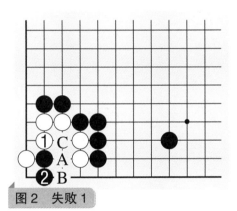

图 2　失败 1

图 3 失败 2

白 1 想让黑棋在 3 位应，白棋则在 2 位做活，但黑 2 下立极其严厉，至黑 4，白棋不能活。其中白 3 如果下在 4 位，黑棋下在 3 位，结果相同。

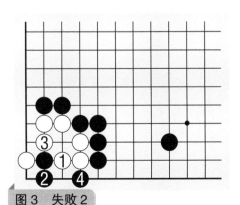

图 3　失败 2

问题 39

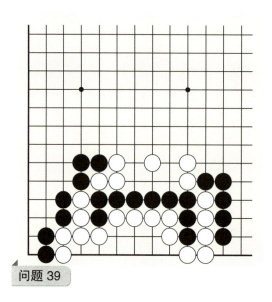

黑先。黑棋九子已处于白棋包围之中，要逃跑肯定不行，只有通过攻击下侧的白棋弱点方有出路。那么请问黑棋应如何下？

问题 40

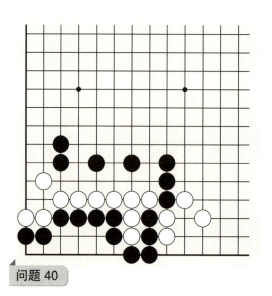

白先。本题与问题39类似，只不过棋形不同而已。那么请问白棋如何下才能活棋？

问题 39 解说

图 1 正解

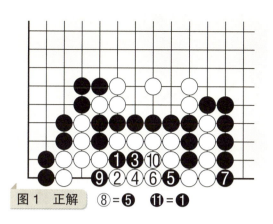

黑1断是出发点，白2打吃时，黑3长，白4继续打吃，此时黑5扑是巧妙的下法，黑7时，白8如果连接，黑9双倒扑，结果白棋全部被杀。

图 2 变化

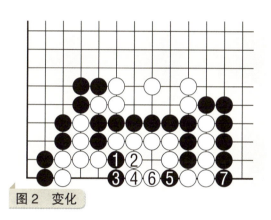

黑1断时，白2打吃，黑3下立，白4时，黑5扑是绝妙的下法，白6提子，黑7从外侧打吃，白棋接不归。

图 3 失败

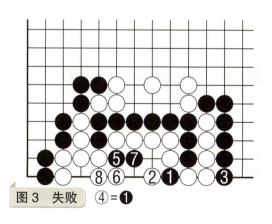

黑1先扑次序错误，白2提，黑3、白4后，黑5如果断，白6打吃后，白8连接是好棋，黑棋失败。

问题40 解说

图1 正解

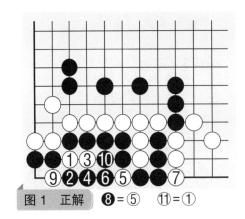

图1 正解 ❽=⑤ ⑪=①

白1断是出发点，黑2打吃时，白3以下至白11，白棋可以双倒扑吃黑。因此黑8应不连接，而让白棋去活，才是正确的。

图2 变化

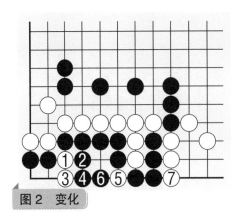

图2 变化

白1时，黑2换方向打，白3下立是正确的下法，白5、7进行后，黑棋接不归。

图3 失败

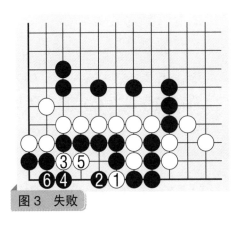

图3 失败

白1先扑次序错误，黑2提子后，局事就发生了变化。其后白3、5时，黑6连接可以成立，白棋失败。

问题 41 ▶▶

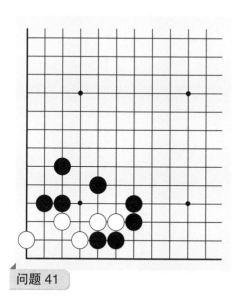

问题 41

白先。白棋的空间比较小，因此白棋的计算也可限定在一定的范围内。其实本题中白棋的急所并不难发现，但在此之前必须按正确的次序交换。那么请问白棋应如何下？

问题 42 ▶▶

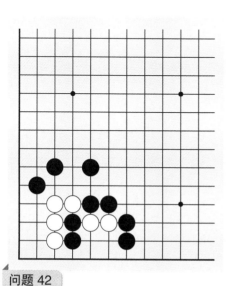

问题 42

白先。本题是利用角的特殊性活棋的一种。白棋如果仅满足于吃住黑二子，将不可能成功。那么请问白棋应如何下？

问题 41 解说

图 1 正解

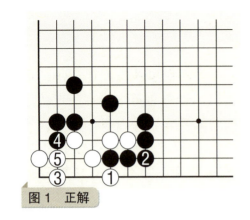
图 1 正解

白 1 扳，先与黑 2 交换是非常重要的次序。其后白 3 占据急所，黑 4 时，白 5 挡住，白棋可以活。

图 2 失败 1

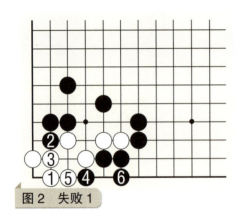
图 2 失败 1

白 1 尖虽是急所，但由于缺少正解中白 1 与黑 2 交换的次序，因而会遭到黑棋的攻击。黑 4、6 是严厉的手段，白棋只能打劫活。这一结果无法与正解相比。

图 3 失败 2

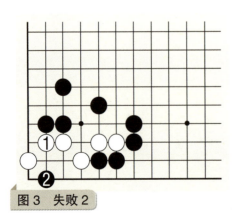
图 3 失败 2

白 1 挡是未能把握问题核心的下法，黑 2 点后，白棋不活。

问题 42 解说

图 1 正解

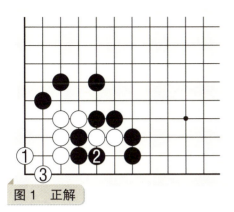

图 1 正解

白 1 单跳是正确的下法，黑 2 打吃时，白 3 做眼，结果白棋可以活。在如此狭小的范围内，白棋仍有巧妙做活的下法。

图 2 变化

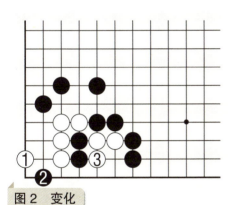

图 2 变化

白 1 时，黑 2 点无理，白 3 打吃后，白棋活得更大。

图 3 失败

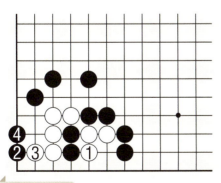

图 3 失败

白 1 打吃黑二子是对围棋基本死活棋形无知的下法，黑 2 大飞是严厉的攻击手段，结果白棋不能活。

问题 43 ▶

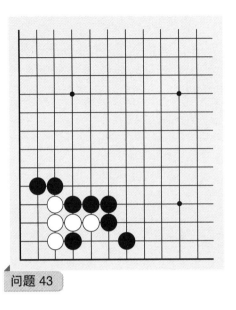

白先。本题与问题 42 相比，只是在棋子位置上有些变化。请问白棋如何下才能活棋？

问题 43

问题 44 ▶

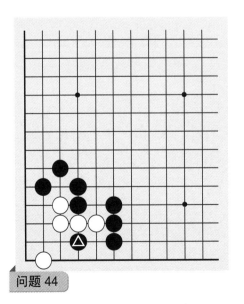

白先。白棋如要吃住黑▲一子非常简单，不过现在的问题是白棋整体如何活棋。那么请问白棋应如何下？

问题 44

问题43 解说

图1 正解

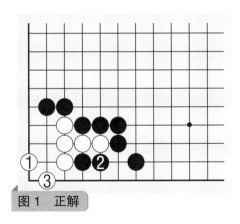

图1 正解

白1单跳是急所，黑2时，白3做眼，白棋即可活。其中黑2如果下在3位点，白棋下在2位，白棋活得更大。

图2 失败1

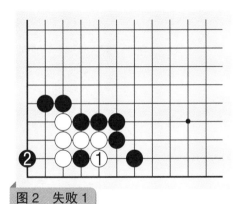

图2 失败1

白1打吃黑棋一子时，黑2大飞是严厉的攻击手段，白棋生存空间不够。

图3 失败2

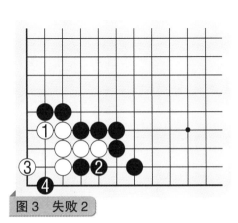

图3 失败2

白1挡同样是失败的下法，黑2退后，白棋仍然不能活。白3时，黑4点即可。

问题 44 解说

图 1 正解

白 1 尖是急所，可以确保活棋。黑 2 时，白 3 挡住，白棋即可以活。这是大家熟悉的棋形。

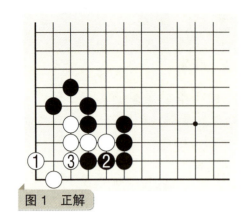

图 1 正解

图 2 变化

白 1 时，有黑 2 破眼的下法，但白 3 以下至白 7，白棋可以吃黑棋接不归。

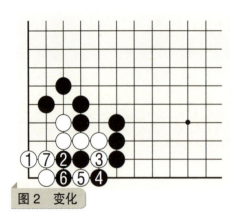

图 2 变化

图 3 失败

白 1 冲吃一子操之过急，被黑 2 点后，白棋不活。

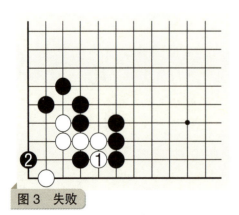

图 3 失败

问题 45

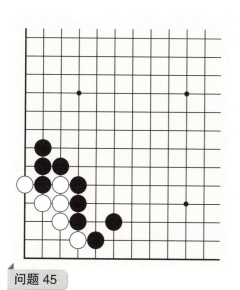

问题 45

白先。本题中白棋的棋形虽然不好，但只要能找出正确的下法，完全可以活棋。那么请问白棋应如何下？

问题 46

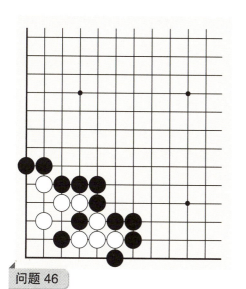

问题 46

白先。白棋要阻止黑棋渡过已不可能，那么请问白棋如何确保两只眼做活？第三手棋不仅是急所，而且也是白棋做活的关键。

问题45 解说

图1 正解

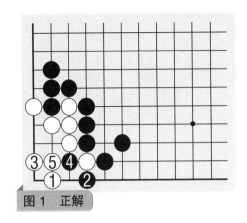
图1 正解

白1是急所，由此可以活棋。黑2时，白3尖又是要点，至白5，白棋可以净活。

图2 失败1

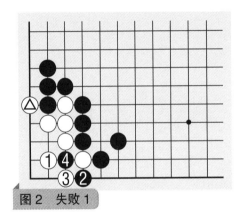
图2 失败1

白1虎虽是常识性下法，也是第一感觉，但黑2、白3、黑4进行后，双方必然下成打劫。如图中无白△一子，本图的进行是最佳结果。

图3 失败2

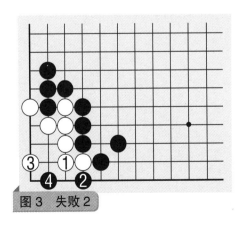
图3 失败2

白1接不仅缺少弹性，而且也是无味的下法，黑2、4攻击后，白棋难免一死。

问题46 解说

图1 正解

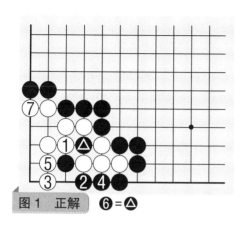

图1 正解　❻=△

白1提子是冷静的好棋，黑2时，白3跳是做活的急所，黑4打吃时，白棋可以牺牲四子而做活。

图2 失败1

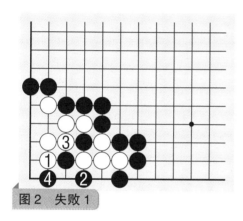

图2 失败1

白1挡虽看似可行，但黑2打吃，白3提子，黑4是最强下法，结果双方下成打劫。

图3 失败2

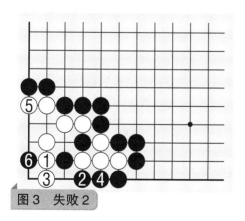

图3 失败2

白1、黑2时，白3下立结果又会如何？回答是"不行"。黑4提子后，白5如果下立，黑6点，白明显死棋。

问题 47

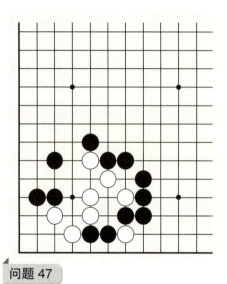

问题 47

白先。本题可以说是"问题 41"的原型。在本题中我们可以充分发现先手利用的重要性。那么请问白棋如何下最佳？注意第五手棋是做活的好手。

问题 48

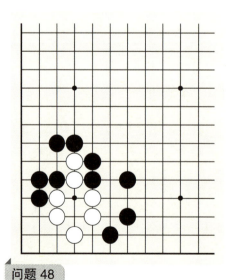

问题 48

白先。白棋在上方已有后手一眼，如果要活棋，就必须在角上先手成一眼。那么请问白棋如何下才能活棋？注意第一手棋是关键。

问题 47 解说

图 1 正解

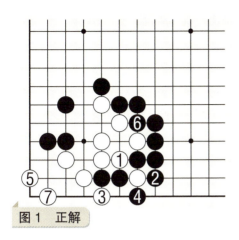

图 1 正解

白1先断，黑2打吃时，白3先手与黑4交换是非常重要的次序。其后白5是大家非常熟悉的急所，白棋只要在6位和7位中居其一即可活棋。

图 2 失败 1

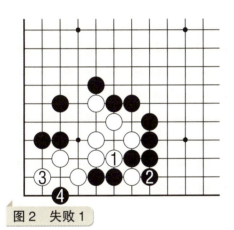

图 2 失败 1

虽然白1与黑2首先交换是正确的，但白3尖错误，其后黑4点是致命一击，由此可以吃住白棋。

图 3 失败 2

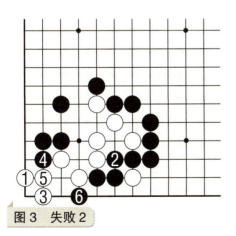

图 3 失败 2

白1虽是急所，但由于缺少必要的次序，白棋必然失败。黑2连接是急所，白3时，黑4、6破眼，白棋不活。

问题 48 解说

图 1 正解

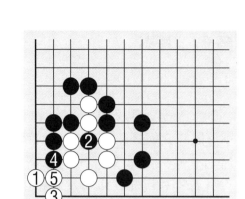

图 1 正解

同一类型的问题再次出现在大家面前，我们相信大家会立即发现问题的根本所在。白 1 飞是急所，其后白棋只要在 2 位和 3 位中居其一即可活棋。

图 2 失败 1

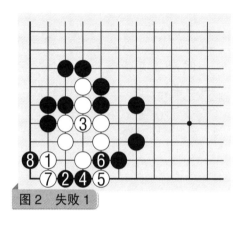

图 2 失败 1

白 1 时，黑 2 点是严厉的攻击手段，白棋只能在角上下成后手一眼，因而白棋不能活。白 3 连接，黑 4 以下至黑 8，白棋死。

图 3 失败 2

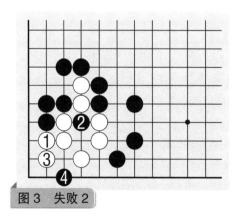

图 3 失败 2

白 1 挡缺少策略，黑 2 扑破眼，白棋不能活，其后白 3 时，黑 4 点即可。

问题 49

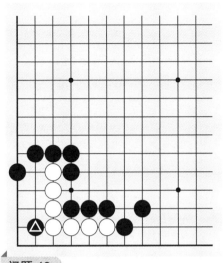

白先，白棋要切断黑▲一子与黑棋间的联络已不可能，只有正确利用角的特殊性方可活棋。那么请问白棋应如何下？

问题 50

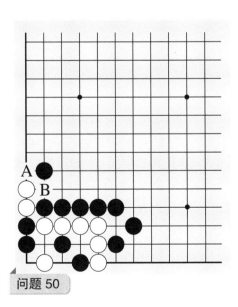

白先。A位和B位都无子的棋形正是我们出题的目的所在。即在此形势下，白棋应如何下才能活棋？注意第一手棋和第三手棋是绝妙的手筋。

问题 49 解说

图 1 正解

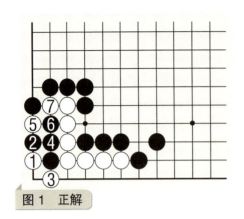

图 1 正解

白 1 夹是急所，也是白棋起死回生的唯一希望。黑 2 时，白 3 至白 7 进行后，白棋可以下成打劫活。

图 2 变化

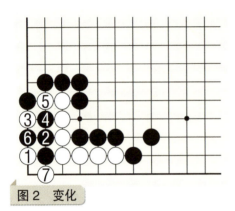

图 2 变化

白 1 时，黑 2 如果退，白 3、5、7 可以打吃黑棋接不归，结果仍是打劫活。因此白 1 之后，双方将不可避免地下成打劫。

图 3 失败

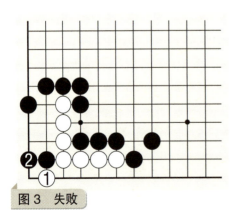

图 3 失败

白 1 扳与做活相距太远，黑 2 下立是稳健的对策，结果白棋无后续手段。黑棋如果不下在 2 位，双方又会下成打劫，这一变化希望大家自行分析。

问题 50 解说

图 1 正解

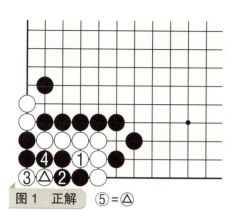

图 1 正解　⑤=△

白 1 打吃方向正确，黑 2 连接是当然的，白 3 利用弃子绝妙，黑 4 提子后，白 5 位叫吃非常重要，如果下在 3 位，白棋将失败。

图 2 变化

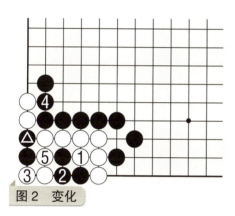

图 2 变化

正解中的黑 4 如果下成本图中的黑 4 连接，白 5 提子后，黑棋由于不可能同时在△位和 2 位破眼，结果白棋可以活。

图 3 失败

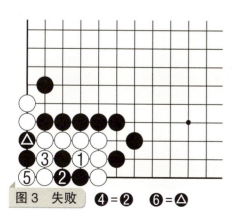

图 3 失败　④=②　⑥=△

白 1、黑 2 进行后，白 3 急于提子是失败之举，其后黑 4 点后，白绝不可能活棋。因此，正解中的白 3 是不易考虑到的妙手。

问题 51

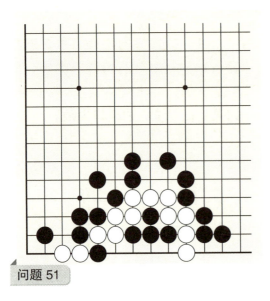

问题 51

白先。本题是问题 50 的应用。白棋如果按照平常的下法，很可能会下成"丁四"或"梅花五"，从而不能活棋。那么请问白棋应如何下？

问题 52

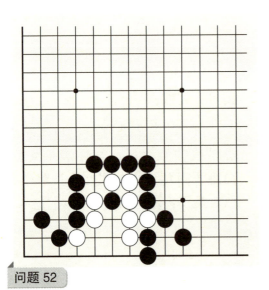

问题 52

白先。在本题中白棋用何方法连接一子，将决定白棋的死活。那么请问白棋是采用接、虎还是下立的方法？

问题 51 解说

图 1 正解

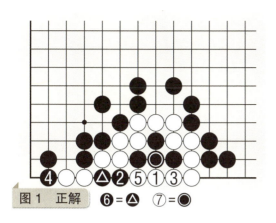

图 1 正解　❻=▲　⑦=●

白 1 是急所，黑 2 如果破眼，白 3、5 则是准备好的次序，其后黑 6 时，白 7 即可活棋。其中白 3 如果下在 5 位，黑▲扑后，白棋不能活。

图 2 变化

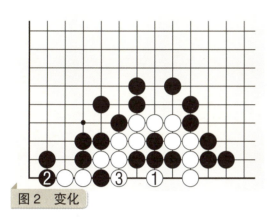

图 2 变化

白 1 时，黑 2 如果挡，白 3 提子后，双方将下成双活。实战中大都会选择这一进行。

图 3 失败

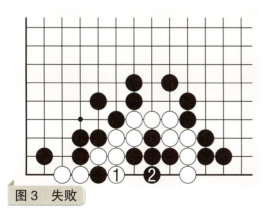

图 3 失败

白 1 提子，黑 2 占据要点，白棋不能活。这是典型的"梅花五"然后转为"葡萄六"的棋形。

问题 52 解说

图 1 正解

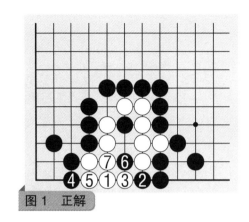

图 1 正解

白 1 虎是正解，黑 2 时，白 3 挡，黑 4 下立时，白 5 团是正确的，其后黑 6 打时，白 7 连接，即可以活棋。

图 2 失败 1

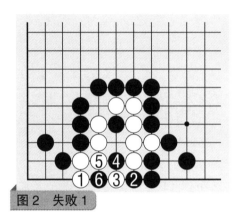

图 2 失败 1

白 1 下立看似可扩展空间，但被黑 2 冲后，白 3、5 被迫做劫。这一结果当然不如净活。

图 3 失败 2

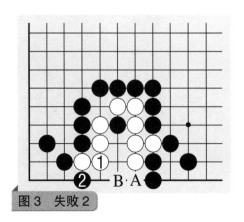

图 3 失败 2

白 1 接是最差的下法，黑 2 扳正确，白棋无法对抗。其中黑 2 如果下在 A 位，白 B 应后，白棋可活，这一点大家应该注意。

下篇

杀棋

问题 53

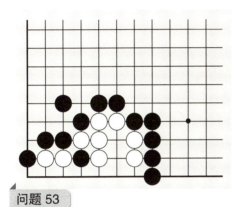

问题 53

黑先。如果是实战，白棋很容易被当作活棋看待。那么请问黑棋应如何攻击白棋？

问题 54

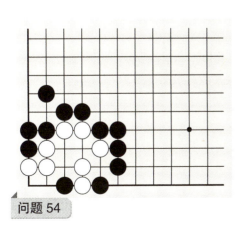

问题 54

黑先。如果是实战，即使已有相当棋力的棋手都会认为白棋已活，但实际上并非如此。那么请问黑棋如何下才能吃住白棋？

问题 53 解说

图 1 正解

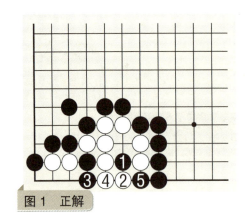

图 1 正解

黑 1 挖是攻击白棋的出发点，白 2 时，黑 3 下立是好棋，白 4 时，黑 5 打吃，白棋束手无策。

图 2 变化

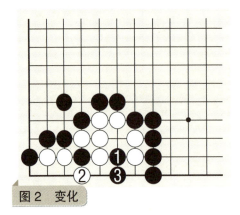

图 2 变化

黑 1 时，白 2 如果提黑一子，黑 3 下立则是急所，白棋同样不能活。因此黑 1 挖后，白棋即丧失了防守的能力。

图 3 失败

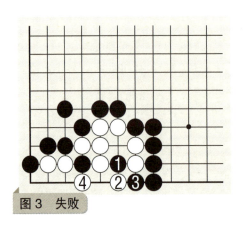

图 3 失败

黑 1、白 2 时，黑 3 打吃错误，白 4 提子后，双方下成打劫。

问题 54 解说

图 1 正解

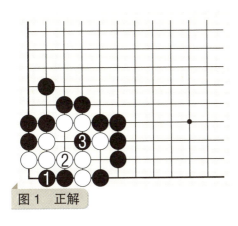
图 1 正解

黑1破眼是唯一的杀法，白2时，黑3继续破眼，白棋不能活。看起来很困难的一道题一下子变得很简单。黑1时，白棋其他的应手都不行，这一点请大家自己去确认一下。

图 2 失败 1

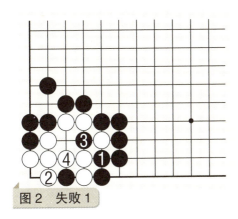
图 2 失败 1

黑1从外侧攻击仅仅是官子下法，白2应后，白棋可简单做活。其后黑3提子，虽有一些收获，但离本题的目的相距太远。

图 3 失败 2

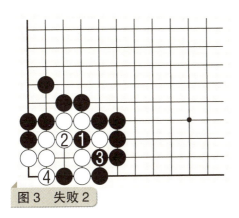
图 3 失败 2

黑1扑是最坏的下法，白2、4活棋后，黑棋连官子便宜都没有得到。

问题 55

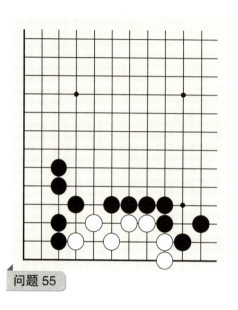

问题 55

黑先。本题中白棋的生存空间虽然比较充分，但棋形上存在重大缺陷。那么请问黑棋如何才能给白棋致命一击？

问题 56

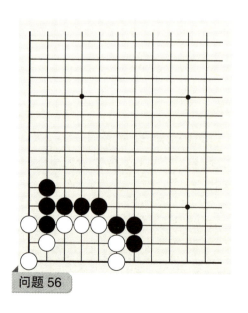

问题 56

黑先。本题白棋的棋形是"刀七"，但之中有两处断头，这正是白棋的问题所在。那么请问黑棋给白棋致命一击的要点在哪里？

问题 55 解说

图 1 正解

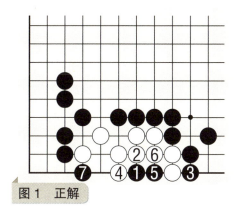

图 1 正解

黑 1 点是极其锐利的攻击方法，白 2 时，黑 3、5 又是攻击的要领，白棋仅仅在右侧下成一眼，其后黑 7 扳，白棋不活。

图 2 失败 1

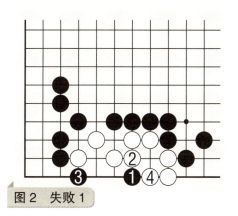

图 2 失败 1

黑 1、白 2 时，黑 3 扳是错误的下法，白 4 应后，白棋可以轻松做活。

图 3 失败 2

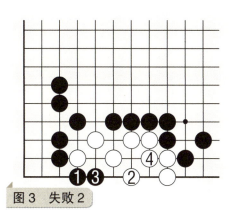

图 3 失败 2

黑 1 先扳次序错误，白 2 才是急所，其后白棋只要在 3 位或 4 位中居其一即可稳稳活棋。其中白 2 如果下在 3 位，黑棋下在 2 位，白棋不活。

问题56 解说

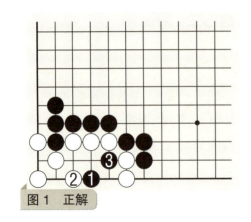

图1 正解

图1 正解

黑1在白棋的三子中间点，白2时，黑3断，白棋即死。可见只要发现第一手棋，即可简单解决问题。

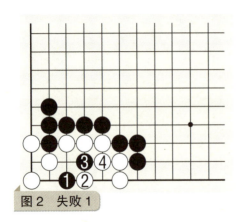

图2 失败1

图2 失败1

黑1在普通情况下都是要点，但此处白2抵抗后，黑棋不能如愿，以下黑3、白4，双方下成打劫。

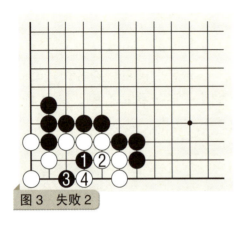

图3 失败2

图3 失败2

黑1点，以下进行至白4，双方下成打劫。其中白2如果下在4位，结果也一样。

问题 57

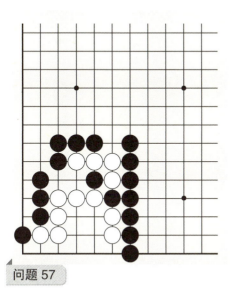

问题 57

黑先。白棋在上方已明显可以确保一只眼，因此黑棋如要攻击白棋，只有在下方破白棋的眼形。那么请问黑棋应如何下？

问题 58

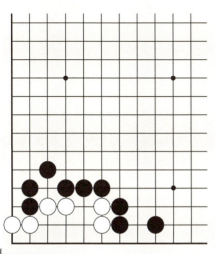

问题 58

黑先。本题是角上基本死活的一种形式。黑棋如果不能无条件吃住白棋，下成打劫也可以说是黑棋的成功。那么请问黑棋如何下最佳？第一手棋就极其严厉。

问题 57 解说

图 1 正解

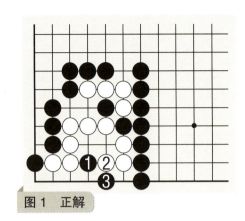

图 1 正解

黑1点可以成立，这手棋虽然简单，但实战中不易被大家发现。白2时，黑3渡过，白棋不活。

图 2 变化

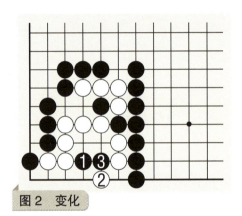

图 2 变化

黑1时，白2如果尖，黑3是好棋，白棋同样动弹不得。因此黑1点后，白棋即失去了抵抗力。

图 3 失败

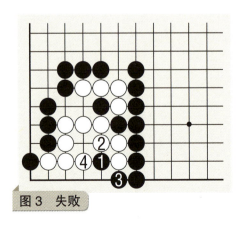

图 3 失败

黑1夹无力，白2连接后，黑棋无后续手段。其后即使黑3渡过，白4后，白棋已活。

问题 58 解说

图 1 正解

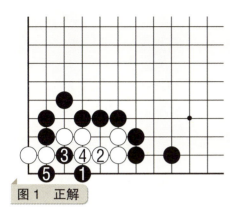
图 1 正解

黑 1 点是极其锐利的攻击方法，白 2 必须补棋，其后黑 3 断又是强手，白 4 打吃时，黑 5 做劫，白棋只能劫活。

图 2 变化

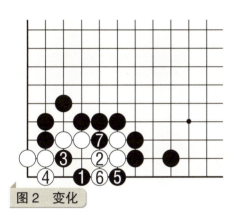
图 2 变化

黑 1、3 时，白 4 的抵抗不成立。黑 5 扳，白 6 挡后，黑 7 打吃，白棋明显不活。

图 3 失败

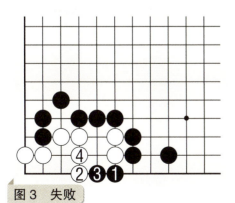
图 3 失败

黑 1 扳也是一种攻击方法，但白 2 抢占急所后，黑棋的攻击失败。以下黑 3、白 4，白棋可以活。

问题 59

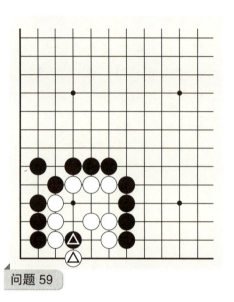

问题 59

黑先。黑▲攻击时，白△应对，其后黑棋如何下最佳？如果计算有误，黑棋就不可能成功。第一手棋不易发现。

问题 60

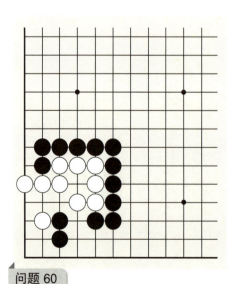

问题 60

黑先。初看本题，白棋在右侧已有一眼，在左侧也能做出一眼，已是活棋，但实际上这是错觉。那么请问黑棋攻击白棋的巧妙方法是什么？

问题59 解说

图1 正解

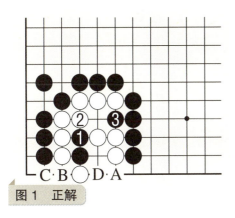
图1 正解

黑1多送一子是不易发现的妙手，白2时，黑3破眼，结果白棋不活。其中白2如果下在A位，黑棋下在2位，经白B、黑C、白D、黑3进行后，白棋仍是死棋。

图2 失败1

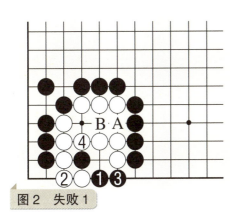
图2 失败1

黑1先与白2交换是轻率的下法，其后黑3时，白4打吃，白棋可以稳稳活棋。其中黑3如果下在A位，白B应后，黑棋无后续手段。

图3 失败2

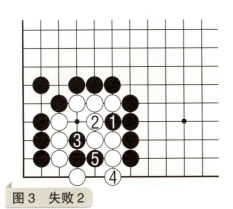
图3 失败2

黑1先冲次序错误，白2挡后，黑棋已吃不住白棋。其后黑3破眼，白4下立，黑5应，黑棋只能下成后手双活。

问题60 解说

图1 正解

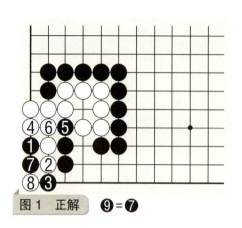
图1 正解　❾=❼

黑1夹是巧妙的攻击方法，白2时，黑3又深得要领，白4应时，黑5以下至黑9攻击，白棋不活。

图2 变化

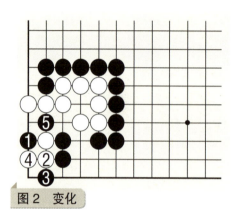
图2 变化

黑1、白2进行后，黑3时，白4如果打吃，黑5破眼是致命一击，白棋仍然不活。因此黑1夹后，白棋无论如何努力，都不活。

图3 失败

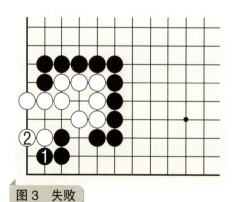
图3 失败

如果是实战，大概不少人会下出黑1挡，让白2做活。正解中黑1的巧妙下法，大家应该牢记。

问题 61

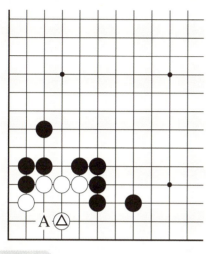

问题 61

黑先。白棋的棋形非常坚固，但仍然存在弱点。白△一子如果处于 A 位，白棋将是活棋，但现在事实并非如此。那么请问黑棋如何攻击白棋？

问题 62

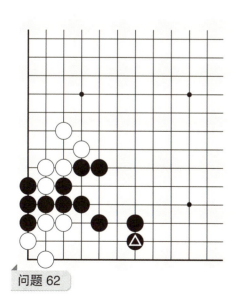

问题 62

黑先。角上白棋看起来已是活棋，但由于有黑△一子的存在，黑棋完全可以置白棋于死地。那么请问黑棋如何下才是正确的？注意第五手棋是致命一击。

问题 61 解说

图 1 正解

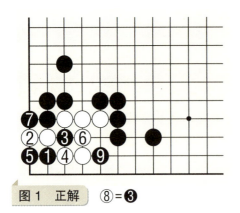

图 1 正解　⑧=❸

黑 1 夹是攻击的急所，白 2 立下也是当然的，此时黑 3 断是手筋，以下进行至黑 9，白棋不能活。

图 2 失败 1

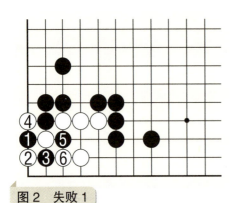

图 2 失败 1

黑 1 扳虽是常用的攻击方法，但白 2 挡是强手，其后黑 3 断打，以下至白 6 均是必然的进行，结果双方下成打劫。

图 3 失败 2

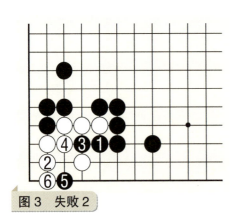

图 3 失败 2

黑 1 从外侧攻击白棋是失败的下法，白 2 占据要点后，黑棋没有好的攻击手段。黑 3 以下至白 6 即是一例，白棋可以活。

问题 62 解说

图 1 正解

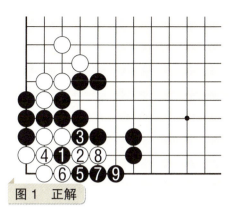

图 1 正解

黑 1 是严厉的攻击手段，白 2 反击也是当然的，黑 3 与白 4 交换后，黑 5 在一路打吃是致命一击，以下进行至黑 9，白棋不活。

图 2 失败 1

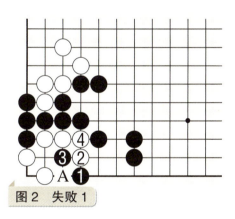

图 2 失败 1

黑 1 飞似为攻击要点，但由于白 2 顶是好棋，黑棋的攻击失败。其后黑 3 破眼时，白 4 连接，结果白棋可以活。其中白 2 如果下在 A 位，黑 3 挖后，又还原成正解的进行。

图 3 失败 2

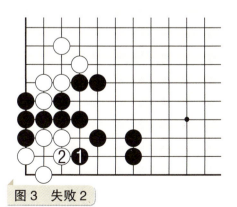

图 3 失败 2

黑 1 尖只不过是官子下法，在吃不住白棋时，黑 1 才是最佳选择。

问题 63

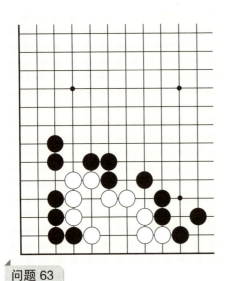

问题 63

黑先。本题中的白棋看起来已是活棋，但只要黑棋的攻击得法，已活的假象将被剥去。那么请问黑棋如何下最佳？第一手棋和第三手棋是关键。

问题 64

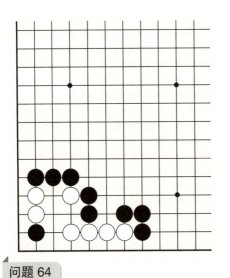

问题 64

黑先。黑棋如果仅按照正常的方法来攻击将不能成立，只有充分利用角的特殊性才能吃住白棋。那么请问黑棋如何下最佳？

问题 63 解说

图 1 正解

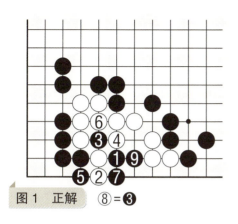

图 1 正解　⑧=❸

黑 1 夹是将白棋逼入绝境的出发点，白 2 时，黑 3 断又是急所，以下至黑 9 均是必然的次序，结果白棋不能活。

图 2 变化

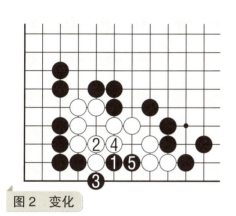

图 2 变化

黑 1 时，白 2 如果连接，黑 3 渡过，黑棋即可简单吃住白棋。其后的白 4、黑 5 是补充说明。

图 3 失败

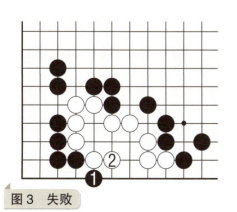

图 3 失败

黑 1 扳只不过是小官子而已，白 2 应后，白棋即可简单活棋。对黑棋来说，如果在实战中错过杀白棋的机会非常令人可惜。

问题64 解说

图1 正解

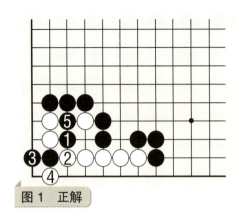

图1 正解

黑1扳是唯一的成功之路，白2时，黑3下立是对杀的基本手法，至黑5，黑棋可以吃住白二子，由此也就吃住了整块白棋。

图2 失败1

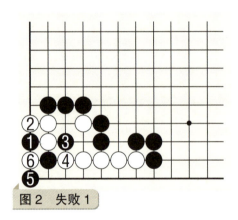

图2 失败1

黑1扳虽然也可考虑，但其效果远不及正解。白2时，黑3、5只好做劫，而且还是一个缓气劫。

图3 失败2

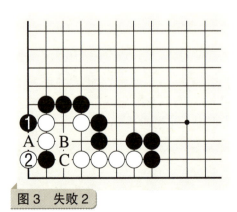

图3 失败2

黑1扳时，白2应，白棋安然无恙。黑棋是希望白棋在A位应，那么经黑B、白C，黑棋在2位的打吃可以成立。

问题 65

黑先。本题考验大家如何利用被白棋围困的黑一子来获利。那么请问黑棋如何下最佳?

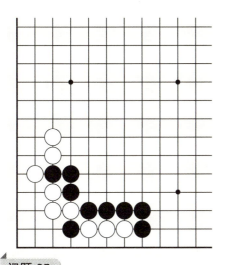

问题 65

问题 66

黑先。黑三子和白六子的对杀结果如何是本题的问题所在。请问黑棋如何利用角的特殊性进行攻击?

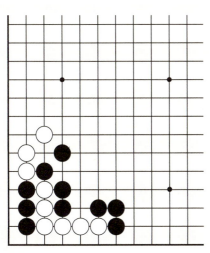

问题 66

问题65 解说

图1 正解

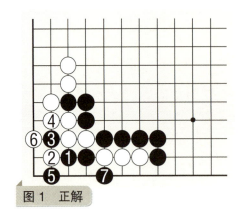

图1 正解

黑1正确，白2时，黑3断，其后黑5打吃是好棋，白6提子时，黑7扳，黑棋可以长气。

图2 正解继续

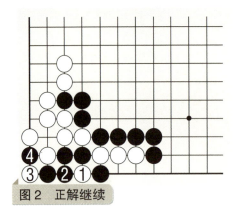

图2 正解继续

续图1，其后白1扑，白3抛劫，下成打劫是双方的最佳进行。

图3 变化

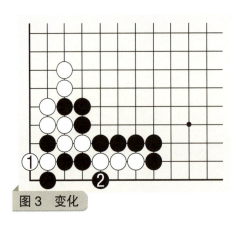

图3 变化

正解中的白6如果下成本图中的白1下立，则黑2扳后，白三子无条件被吃。

问题 66 解说

图 1 正解

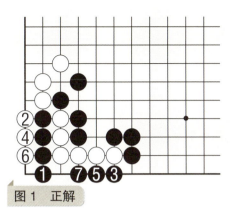
图 1 正解

黑 1 下立是对杀的急所，其后白 2 至白 6、黑 3 至黑 7 分别紧气，对杀的结果是黑棋快一气。

图 2 失败 1

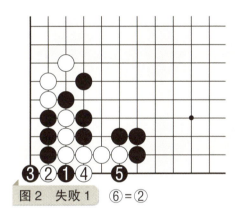
图 2 失败 1　⑥=②

黑 1 扳，想让白棋在 4 位挡，然后黑棋在 2 位连接，从而可以在对杀中取胜，但这是黑棋单方的设想。由于白 2 扑是好棋，结果双方下成打劫。

图 3 失败 2

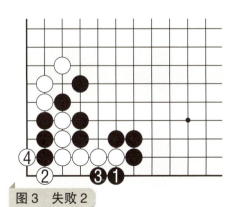
图 3 失败 2

黑 1 扳，紧气方式错误，白 2 扳同样收气，以下黑 3、白 4，黑棋只有两口气，白棋有三口气，结果白棋胜。

问题 67

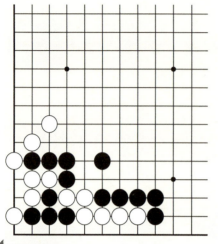

问题 67

黑先。角上黑棋只剩下三口气，而白棋却有五口气，黑棋看起来已处于绝境，但左侧白棋存在缺陷，请问黑棋如何利用白棋缺陷吃掉白棋？

问题 68

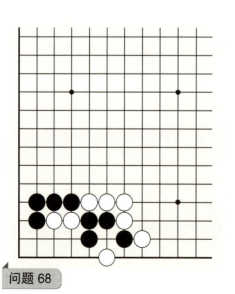

问题 68

白先。白棋如何使相互分散的白子形成联络，以攻击黑四子？白棋应如何下？

问题 67 解说

图 1 正解

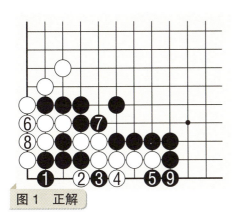

图 1 正解

黑 1 曲是急所，白 2 扳只得如此，黑 3 扑，以下至黑 9，黑棋在对杀中取胜。

图 2 失败 1

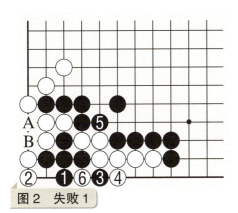

图 2 失败 1

黑 1 是非常手段，即接着黑 A、白 B 后，黑棋可在 2 位抛劫。但由于白 2 的正确防守，黑 3、5 进行后，双方虽然同样下成打劫，但白棋缓一口气。

图 3 失败 2

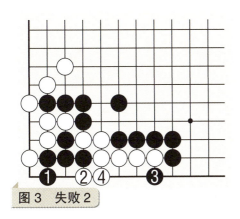

图 3 失败 2

图 1 中的黑 3 非常重要，如果下成本图中的黑 3 扳则贻误战机，白 4 连接后形势逆转。

问题68 解说

图1 正解

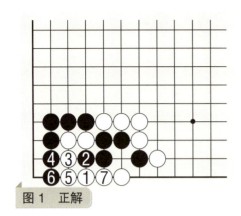

图1 正解

白1在一路单跳是急所，以下至白7连接，黑棋只能束手就擒。

图2 白败

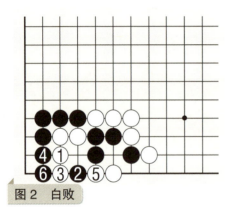

图2 白败

白1曲看似可行，但由于黑2尖是好棋，形势发生了变化。其后白3时，黑4、6紧气，黑棋可以倒扑吃白。

图3 黑败

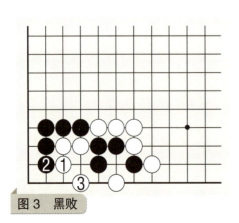

图3 黑败

白1时，黑2挡随手，白3尖才是对攻的要点，结果与图1大同小异。

问题 69

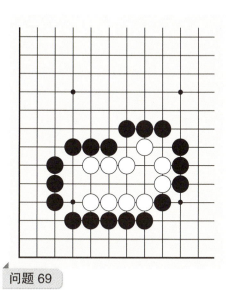

问题 69

黑先。黑棋在本题中是选择压缩白棋，还是选择点眼？本题的正解有两个。

问题 70

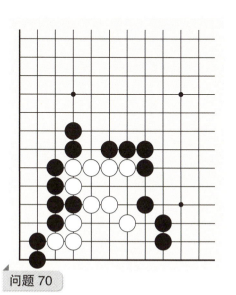

问题 70

黑先。白棋在上方已有一只完整的眼，黑棋要攻杀白棋，只有在下方破白棋的眼位。那么请问黑棋应如何下？注意第三手棋是决定性的。

问题 69 解说

图 1 正解 1

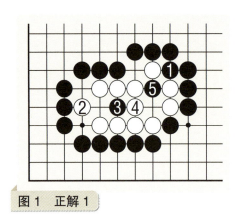

图 1 正解 1

黑 1 挤是好棋，白 2 如果扩张眼位，黑 3 点是急所，其后白 4 时，黑 5 扑，即可吃住白棋。

图 2 正解 2

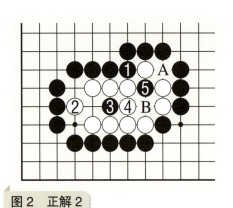

图 2 正解 2

黑 1 从另一侧挤也是正解。白 2 时，黑 3、5 是与图 1 相同的要点。其中白 4 如果下在 A 位，黑 B 位打后再 4 位接，结果仍是白棋死。

图 3 失败

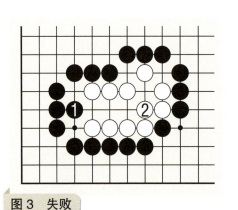

图 3 失败

黑 1 是错误下法，白 2 做眼后，可以轻松活棋。

图 1 和图 2 的下法哪一种更好些，要根据具体情况而定。

问题70 解说

图1 正解

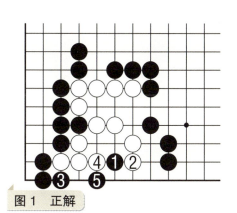
图1 正解

黑1透点是正确的下法，白2断当然，黑3拐虽看似很平常，却是巧妙的手段，其后白4时，黑5渡过，结果白棋不活。

图2 失败1

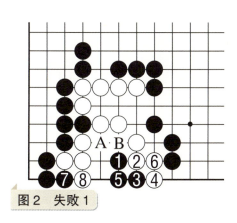
图2 失败1

黑1、白2进行后，黑3扳看似有力，但在本题中难免失败。以下进行至白8，黑A断时，白B可打，白棋可以活。

图3 失败2

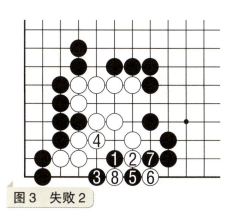
图3 失败2

黑1、白2进行后，黑3尖虽是要点，但以下白4、黑5、白6时，黑7只能劫渡，黑棋不能无条件吃住白棋。

问题 71

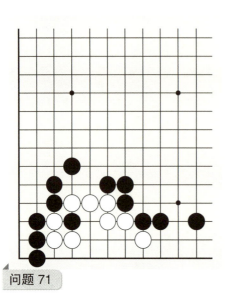

黑先。黑棋如果仅仅收官,无法让人满意。黑棋应充分利用黑一子攻击白棋。那么请问黑棋如何下最佳?

问题 71

问题 72

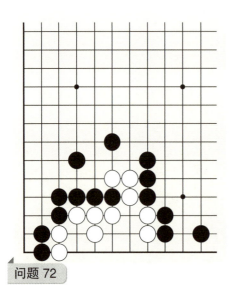

黑先。黑棋仅用平常的下法将无法成功,必须有创造性的构想才能置白棋于死地。那么请问黑棋应如何下?黑棋第一手和第三手的连续攻击将使白棋绝望。

问题 72

问题 71 解说

图 1 正解

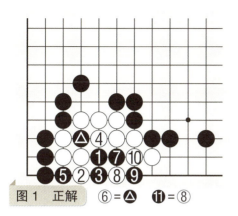

图 1 正解　⑥=△　⓫=⑧

黑1扳是要点，白2进行抵抗，黑3、5两打后，黑7破眼，至黑11，白棋下成"刀五"，自然不活。

图 2 变化

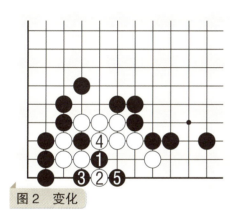

图 2 变化

黑1时，白2如果扳，则黑3扑，其后白4提时，黑5也提，白棋同样不行。

图 3 失败

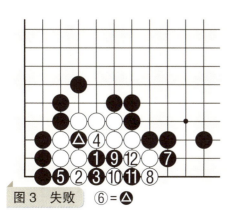

图 3 失败　⑥=△

黑1以下进行至白6时，黑7挡是错误的下法，此时白8下立是好棋，黑9破眼，白10、12巧妙，白棋可以活。

问题72 解说

图1 正解

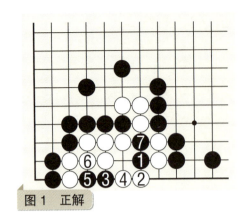
图1 正解

黑1巧妙，白2时，黑3是相关联的手段，其后白6只可在左侧后手做成一眼，黑7破眼后，白棋不活。

图2 变化

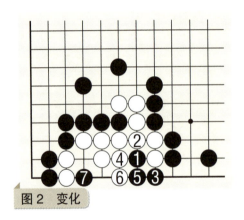
图2 变化

黑1时，白2如果连接，黑3可以渡过，白4时，黑5连接，白6打时，黑7反打是绝妙的时机，结果仍是白棋死。

图3 失败

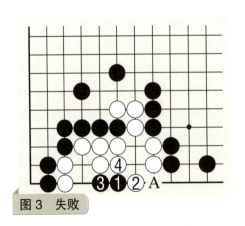
图3 失败

黑1点入，白2是正确的防守，其后黑3、白4，白棋可活。

其中黑1如果下在A位扳，其后续变化及结果，请大家自行研究一下。

问题 73

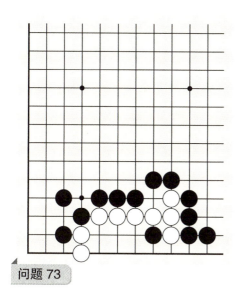

黑先。在本题中黑棋是否考虑渡过？是否还有其他选择？黑棋必须经过仔细计算。那么请问黑棋应如何下？注意第三手棋是妙手。

问题 74

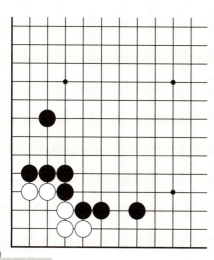

黑先。类似本题的棋形，大家应该能立即发现答案。那么请问黑棋如何下最佳？其中第一手棋抢占要点，第三手棋给白棋致命一击。

问题 73 解说

图 1 正解

黑 1 先渡过是重要的次序，白 2 扑时，黑 3 点是绝妙的攻击方法，其后黑棋在 A 位断和 B 位提子中必居其一，结果白棋不活。

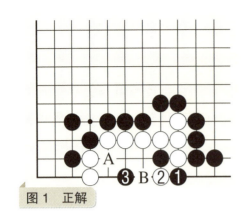

图 1 正解

图 2 失败 1

黑 1、白 2 时，黑 3 如果提子正合白意，其后白 4 靠是急所，黑棋无法既防白棋在 A 位打接不归又在 B 位破眼。

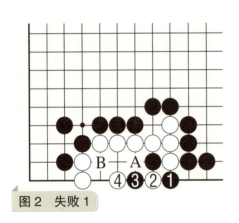

图 2 失败 1

图 3 失败 2

黑 1 断看似有力，白棋若下 2 位，黑 3 至黑 7 进行后，白棋死；白 2 如下 A 位，经黑 B 位、白 7 位、黑 3 位后，白棋也死。但白棋可在 7 位打吃，结果可活棋。希望大家自行研究。

图 3 失败 2

问题74 解说

图1 正解

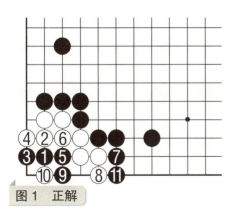

图1 正解

黑1点是急所，这是大家都可发现的下法，问题是白2应后，黑棋应如何下？此时黑3下立是给白棋致命一击。白4时，黑5以下至黑11收气，黑棋可以有眼杀无眼。

图2 失败1

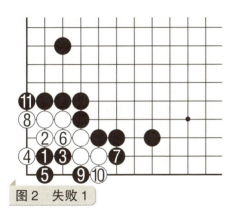

图2 失败1

黑1、白2进行后，黑3失误，此时白4扳是好棋，黑5以下至黑11是必然的进行，结果双方下成打劫。

图3 失败2

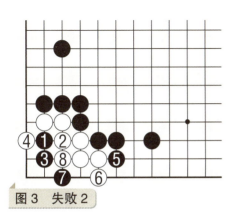

图3 失败2

黑1夹暴露出对围棋死活缺乏常识，白2以下至白8，白棋可活。

问题 75

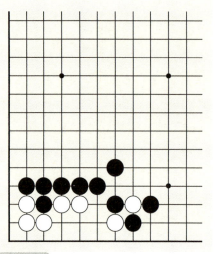

问题 75

黑先。如果在实战中，黑棋只要有所收益或许就可满足，但我们出题的目的是追求攻杀大块白棋。那么请问黑棋如何下最佳？第一手棋很重要。

问题 76

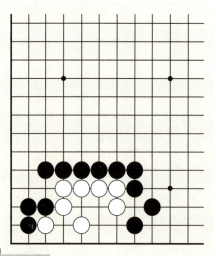

问题 76

黑先。黑棋如果想与白棋打劫非常简单，但目前的问题是必须无条件吃住白棋。那么请问黑棋应如何下？其中第一手棋不易被发现。

问题 75 解说

图 1 正解

黑1偷袭可以成立，白2时，黑3、5滚打，结果白棋的生存空间不够。

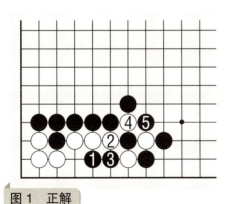

图 1 正解

图 2 变化

黑1时，白2顶进行抵抗不成立，黑3以下至黑7仍可滚打包收。

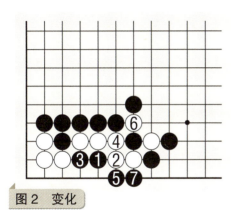

图 2 变化

图 3 失败

黑1打吃一子，不能令人满意，白2挡后，黑棋已不可能吃住白棋。

如果能熟练掌握正解中类似黑1的手筋，则说明您的棋力已大大提高了。

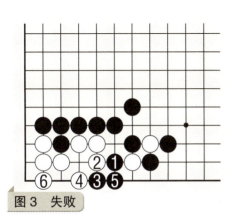

图 3 失败

问题76 解说

图1 正解

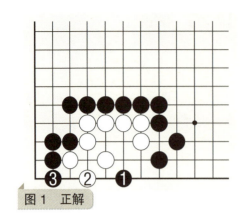
图1 正解

黑1飞是死活的急所，这手棋在平常情况下，由于有过缓的味道，因而不易为大家所发现。白2时，黑3下立，白棋即死。

图2 失败1

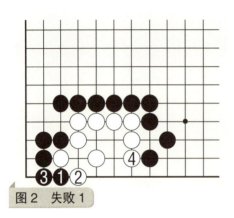
图2 失败1

黑1打吃是过于平常的下法，白2反击必然，黑3虽可连接，但白4应后，双方下成打劫。

图3 失败2

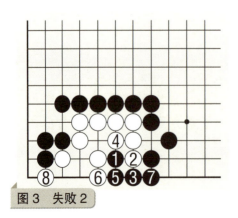
图3 失败2

黑1跳入虽具有破眼作用，但在本题中却是失败的下法。白2以下至白6先手利用后，白8可以做活。

问题 77

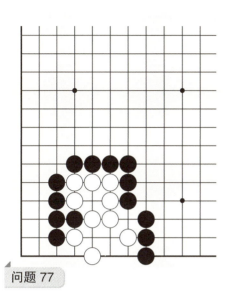

问题 77

黑先。如果黑棋能感觉到白棋由于气紧，从而对其进行攻击，则充分说明对围棋的死活具备了出色的感觉。那么请问黑棋如何下才是正确的？其中第三手棋有可能是盲点。

问题 78

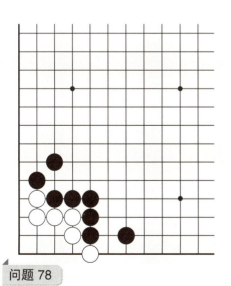

问题 78

黑先。只要黑棋思考方法正确，本题将非常容易解决。那么请问黑棋是选择点眼还是选择扳？黑棋如何选择，将决定其成败。

问题 77 解说

图 1 正解

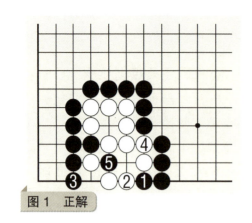
图 1 正解

黑 1 先冲是正确的，白 2 挡时，黑 3 立下是致命一击，其后白 4 团时，黑 5 扑，结果白棋不活。

图 2 变化

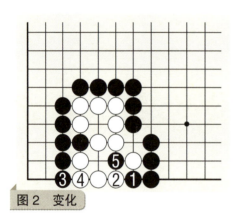
图 2 变化

黑 1、3 时，白 4 如在左侧团，黑 5 扑后，白棋仍不活。其中黑 3 不易被想到。

图 3 失败

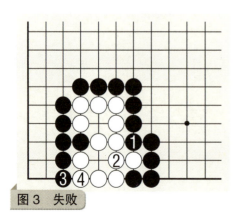
图 3 失败

图 1 中的黑 3 如果下成本图中的黑 1 打吃，等于放弃吃白棋，至白 4，白棋已活。

实战中，双方对这一棋形的死活都有可能产生错觉。

问题 78 解说

图 1 正解

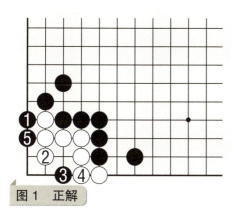

图 1 正解

黑 1 扳是正确的选择,白 2 时,黑 3、5 破眼,结果白棋不活。

图 2 失败 1

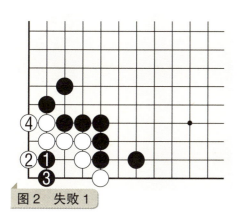

图 2 失败 1

黑 1 是典型的错误下法,白 2 扳是做活的急所,黑 3 下立时,白 4 做眼,结果白棋可以活。

图 3 失败 2

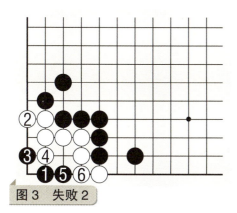

图 3 失败 2

黑 1 点,结果肯定不好。白 2 以下至白 6,双方下成双活。

问题 79

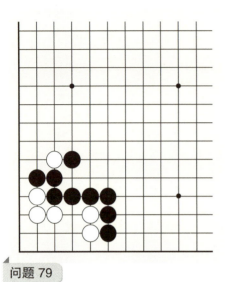

问题 79

黑先。本题是角上出现最多的棋形之一。实战中，大部分人碰到这一棋形时，都有过失误的经历。那么请问黑棋如何下？

问题 80

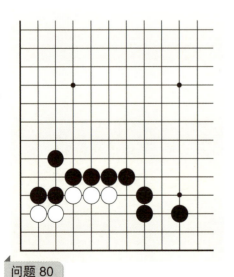

问题 80

黑先。黑棋如果要吃白棋，应从何处着手？不妨先假设一下，然后再逐步计算。请问黑棋如何下？注意第三手棋非常重要。

问题 79 解说

图 1 正解

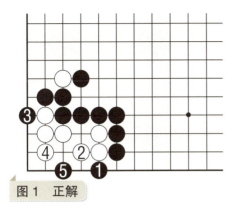
图 1 正解

黑 1 扳是攻击的要领，白 2 曲时，黑 3 可以从另一侧扳，结果白棋生存空间不够。以下白 4 时，黑 5 点即可。

图 2 失败 1

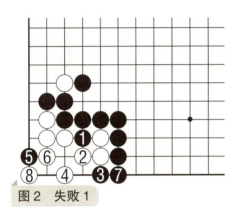
图 2 失败 1

黑 1 冲是错误下法，以下进行至白 4，黑棋已不可能吃住白棋。其后黑 5 点，但白 6、8 应后，白棋可以活。

图 3 失败 2

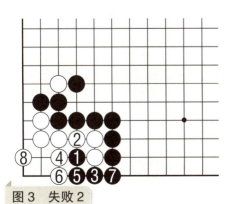
图 3 失败 2

黑 1 夹是俗手，白 2 连接后，黑棋无后续手段。其后黑 3 时，白 4 以下至白 8，白棋可以活。

问题 80 解说

图 1 正解

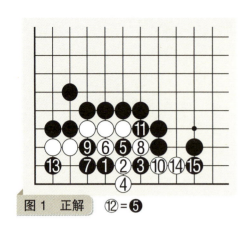

图 1 正解 ⑫=❺

黑1点入，是吃白棋的唯一方法，白2时，黑3以下至黑7是巧妙的次序，以下至黑15，白棋死。

图 2 失败 1

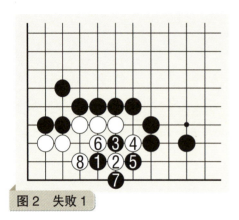

图 2 失败 1

图1中的黑3如果下成本图中的黑3挖则次序错误，白4打吃，黑5反打，白6提子，以下黑7、白8，结果双方下成打劫。

图 3 失败 2

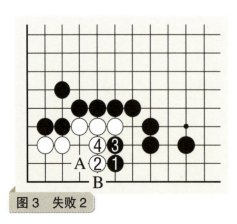

图 3 失败 2

黑1飞，缺少突破力，白2补棋后，黑棋已不可能继续攻击。其中黑3如果下在A位夹，白B下立后，黑棋也不行。

问题 81

黑先。白△一子，无论从哪一角度考虑都不好，如果下在 A 位或 B 位，白棋都可以净活。那么请问黑棋应如何攻击白棋？注意第一手棋与第三手棋是巧妙的配合。

问题 81

问题 82

黑先。本题中白棋的棋形非常对称，正确答案大家很容易发现，但不排除黑棋也有可能攻击失误。那么请问黑棋如何下才正确？

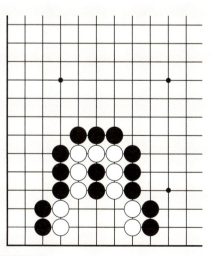

问题 82

问题 81 解说

图 1 正解

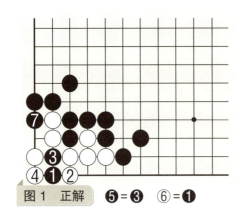

黑 1 点是锐利的攻击手段,白 2 挡也是必然,此时黑 3 送吃绝妙,白 4 提子时,黑 5 扑,其后黑 7 破眼,结果白棋不活。

图 2 变化

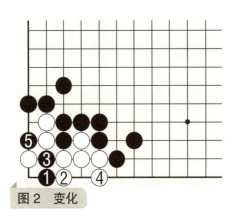

图 1 中的白 4 如果下成本图中的白 4,黑 5 扑后,白棋的抵抗只能以失败告终。

图 3 失败

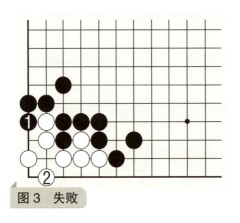

黑 1 只不过是官子下法,白 2 是无可争议的急所,结果白棋已活。

问题 82 解说

图 1 正解

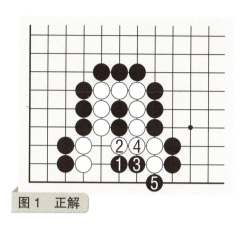

图 1 正解

黑 1 位于白形的中央，是攻击的急所。读者中肯定有很多人能发现这一下法。白 2 时，黑 3、5 渡过后，黑棋可以吃住白棋。

图 2 变化

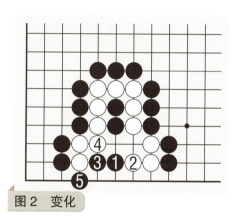

图 2 变化

黑 1 时，白 2 如果从一侧顶住，黑 3、5 后，白棋也不活。类似黑 3 这样的攻击手段虽然还有其他的选择，但本图是具代表性的一例。

图 3 失败

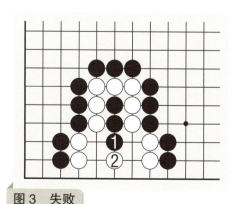

图 3 失败

黑 1 长，虽然处于白形的中央，却不成立。白 2 是做活的急所，黑棋失败。

问题83 黑先 ▶▶

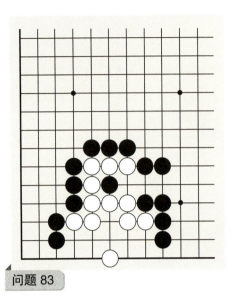

问题83

黑先。本例也是左右对称的一种类型。白棋在上方已有后手一眼，如要活棋，必须先手在下方成一眼。请问黑棋应如何攻击白棋？

问题84 ▶▶

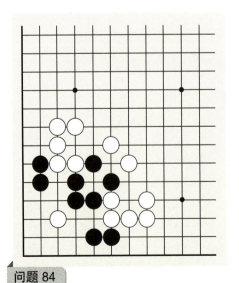

问题84

白先。白棋如果想吃住黑棋，需要非常的下法，不过并非需要复杂的次序，而只需一手棋即可解决问题。请问白棋应如何下？

问题 83　解说

图 1　正解

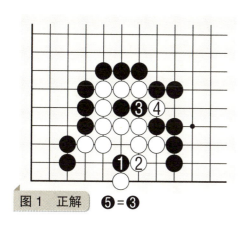
图 1　正解　❺=❸

黑 1 点位于白形的中央，白 2 应，白棋仅可在下方后手成一眼，黑 3、5 破眼，白棋不活。

图 2　失败 1

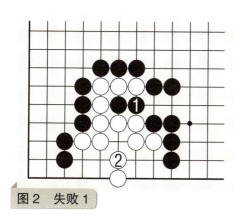
图 2　失败 1

黑 1 首先在上方破眼是轻率的下法，白 2 补棋后，白棋可以活。

图 3　失败 2

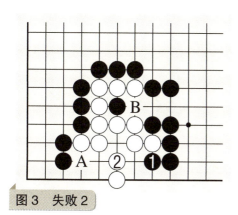
图 3　失败 2

黑 1 或黑 A 攻击白棋都不对，白 2 补棋后，白只要在 A 位或 B 位中居其一即可活棋。

问题84 解说

图1 正解

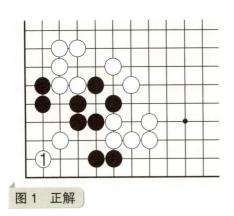

图1 正解

本题中的黑棋是对称的棋形，因此白1在中央尖是急所，其后白棋必然能切断黑棋。

图2 失败1

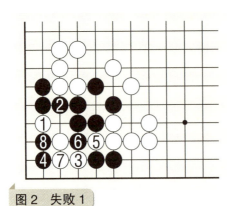

图2 失败1

白1、3的下法明显是白棋单方的想法。其后黑4如下在5位连接，白棋下在4位，黑棋的确是死棋。但黑4反击可以粉碎白棋的意图，结果白棋失败。

图3 失败2

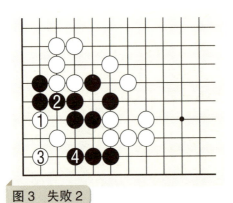

图3 失败2

白1、黑2进行后，白3谋求做活，但黑4沉着应对后，白棋不成立。由于黑棋的外气比较充分，白棋无法与黑棋进行对杀。

问题 85

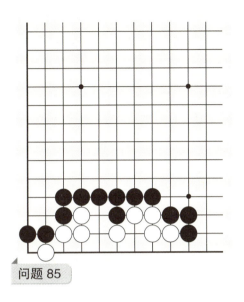

问题 85

黑先。本题中的白棋看似已经净活，但由于外气太紧，因而并非无懈可击。请问黑棋应如何攻击白棋？

问题 86

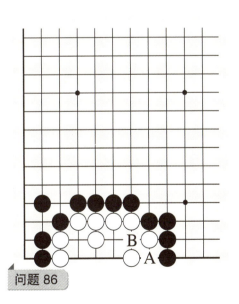

问题 86

黑先。黑A如果先手与白B交换，白棋可以活5目棋。面对这一结果，黑棋肯定不满意。请问黑棋应如何下？第一手棋是关键。

问题 85 解说

图 1 正解

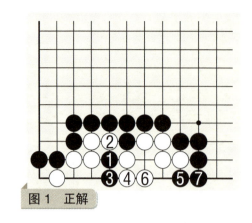
图 1 正解

黑 1 挖是攻击白棋的巧妙下法，白 2 时，黑 3 下立，其后黑 5 扳是决定性一击，白 6 时，黑 7 连接，结果白棋不活。

图 2 变化

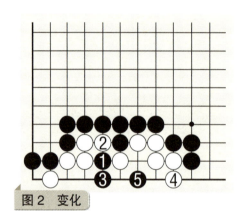
图 2 变化

图 1 中的白 4 如果下成本图中的白 4 下立，黑 5 点则是急所。其中白 4 如果下在 5 位，看起来好像可以活一半，但黑在 4 位扳后，白棋全死。

图 3 失败

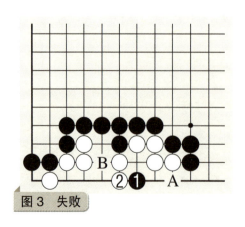
图 3 失败

黑 1 无谋，白 2 应后，黑棋无后续手段。

还有一点需补充说明一下。黑 1 如果下在 A 位，白棋下在 1 位，黑棋下在 B 位后，结果与正解相同。

问题86 解说

图1 正解

黑1直接打吃白二子是正确的攻击方法，白2如果连接，黑3扑巧妙，以下至黑7，双方下成打劫。

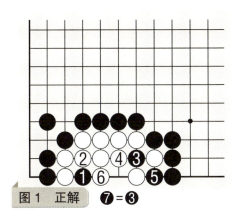

图1 正解　❼=❸

图2 失败1

黑1先扑错误，白2抢占急所，至白4，白棋可以活。白2如果下在A位，黑B打，就又回到了正解。

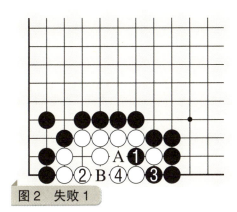

图2 失败1

图3 失败2

黑1错误，以下至白4，这是黑棋最差的下法。

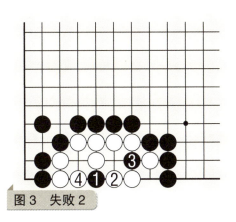

图3 失败2

问题 87

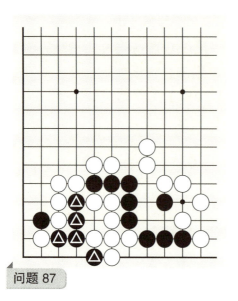

问题 87

白先。白棋要吃住整块黑棋，必须首先吃掉黑▲五子。请问白棋如何充分利用角的特殊性，仅用一手棋就解决问题？

问题 88

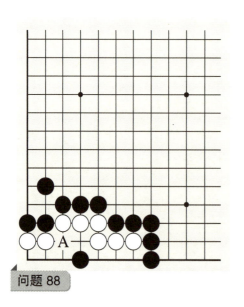

问题 88

黑先。黑棋先在 A 位断是必然的，目前的问题是黑 A 断以后应如何下？第三和第五手棋将决定白棋的命运。

问题 87 解说

图 1 正解

图 1 正解

白 1 扳是急所，由此可以解决全部问题。黑 2 打吃时，白 3 连接即可。

图 2 失败 1

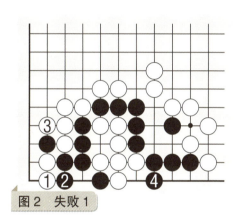

图 2 失败 1

白 1 下立，虽经过一定的思考，但黑棋有黑 2 反抗的手筋，至黑 4，双方下成缓一气劫。不能无条件吃住黑棋，是白棋的失败。

图 3 失败 2

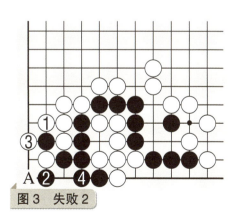

图 3 失败 2

白 1 打是错觉，如此胆小的下法，白棋肯定无法成功。黑 2、4 进行之后，白棋还须在 A 位抛劫，这是白棋最坏的选择。

问题88 解说

图1 正解

黑1断，白2打吃时，黑3连接是好棋，白4打吃时，黑5多送一子是绝妙的下法，后续变化见图2。

图2 正解继续

黑1点可以成立，白2时，黑3断，结果白棋不活。图1中的黑3、5是关键。

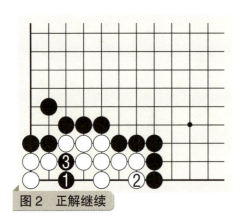

图3 失败

黑1、白2时，黑3扳明显是要打劫。如果没有黑▲一子存在，如此做劫是最佳下法。

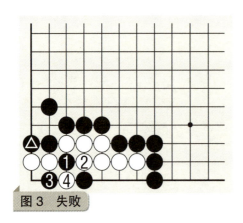

问题 89

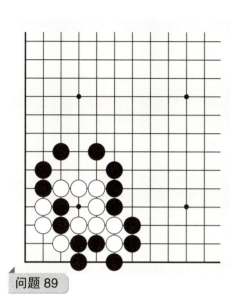

问题 89

黑先。本题中的黑棋如果要吃住白棋，必须防止白棋打接不归。那么请问黑棋如何下才正确？注意第一手棋是消除白棋抵抗的要点。

问题 90

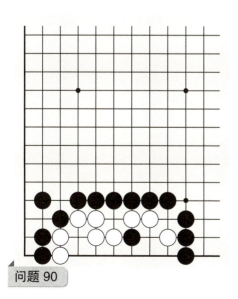

问题 90

黑先。白棋的棋形比较富有弹性，但只要黑棋能正确攻击，白棋将不活。那么请问黑棋如何下最佳？第一手棋是关键。如果下成打劫，就是失败。

问题89 解说

图1 正解

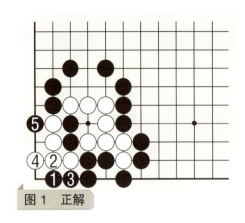

黑1跳是巧妙的下法，白2连接时，黑3同样连接，白4下立，试图吃黑棋接不归，但黑5扳是决定性一击，结果白棋不活。

图2 失败1

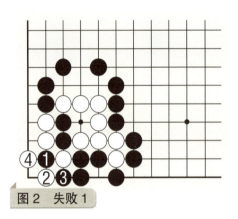

黑1打吃看似很好，但白2抵抗出乎意料，至白4，双方下成打劫。

图3 失败2

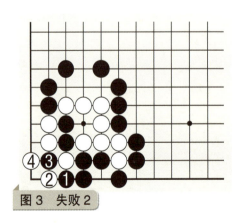

黑1打吃，重蹈图2的覆辙，白2、4后，双方又下成打劫。其中白2如果下在3位，黑棋下在2位，又还原成正解的进行。

问题 90 解说

图 1 正解

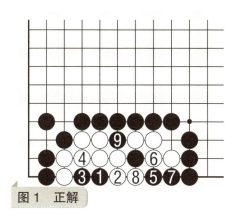

图1 正解

黑1是强手，白2时，黑3先手与白4交换，仅让白棋在左侧成一眼，黑5以下至黑9，黑棋在右侧破眼是很好的次序，结果白棋不活。

图 2 变化

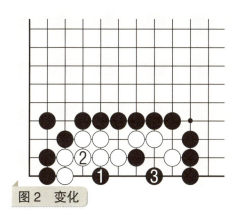

图2 变化

黑1时，白2如果连接，则黑3破眼，其后的次序可参照正解的进行。

图 3 失败

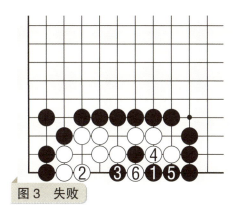

图3 失败

黑1在右侧破眼，会遭到白2的抵抗，黑3不得已破眼时，白4打吃，黑5连接，白6提子，双方不可避免地下成打劫。

问题 91 ▶▶

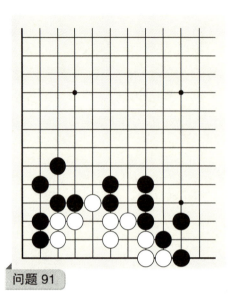

问题 91

黑先。本题相当困难，但黑棋若走对了，即可将白棋逼入绝境。请问黑棋如何下最佳？

问题 92 ▶▶

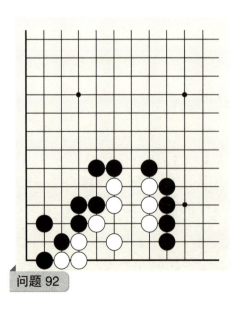

问题 92

黑先。杀棋时有一种有力的下法，即瞄着倒扑对方。这一下法的应用范围虽然很广，但如果计算不周，同样不行。请问黑棋应如何运用这一下法？

问题91 解说

图1 正解

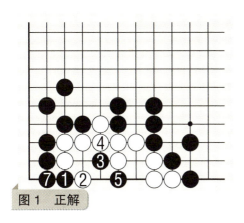

图1 正解

黑1扳正确，白2挡时，黑3点又是绝妙的下法，白4时，黑5要倒扑，结果白棋不活。

图2 变化

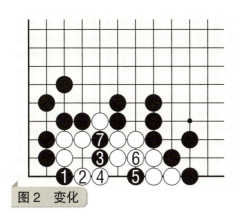

图2 变化

图1中的白4如果下成本图中的白4，黑5则先手与白6进行交换，其后黑7破眼，白棋也不活。其中黑5与黑7的次序互换也同样可行。

图3 失败

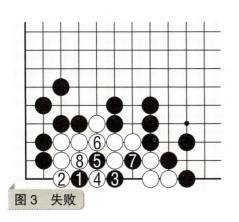

图3 失败

黑1看似很厉害，其实不然。至白8进行后，白棋可以做活。黑棋的收获不过是吃住右侧白棋三子。

问题92 解说

图1 正解

黑1是瞄着A位倒扑的要点，白2防守必然，此时黑3断打严厉，白4时，黑5、7破眼，结果白棋不活。

图2 变化

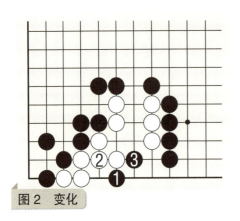

黑1时，白2如果连接，黑3扳后，白棋即死。其中黑3即使不下，白棋也不活。

图3 失败

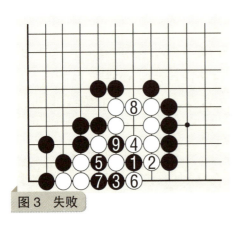

黑1靠，但白2以下至白8，白棋可以利用牺牲左侧三子与黑棋打劫。

问题 93

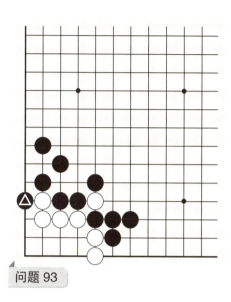

问题 93

黑先。黑▲扳时，白棋如果不应，黑棋将可置白棋于死地。请问黑棋应如何攻击白棋？

问题 94

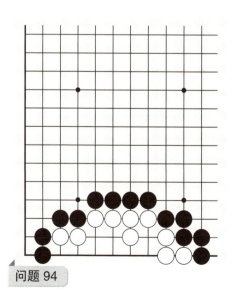

问题 94

黑先。在本题中黑棋只要充分利用倒扑的手段，即解决了一半问题，剩下的一半问题是如何巧妙利用次序。请问黑棋如何下最佳？

问题93 解说

图1 正解

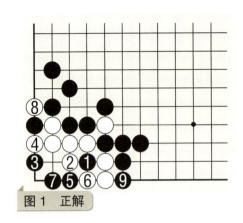

图1 正解

黑1、3是攻击白棋的连贯下法,其次序互换也同样可行。白2、4时,黑5以下至黑9后,白棋将不活。

图2 失败1

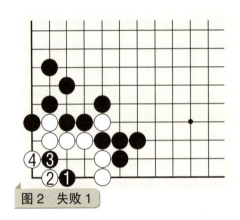

图2 失败1

黑1点,白2可以抵抗,黑3时,白4做劫,结果双方下成打劫。

图3 失败2

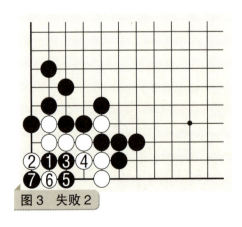

图3 失败2

黑1虽然也是一种下法,但白2扳是具有弹性的好棋,结果黑棋不可能无条件吃住白棋。黑3以下至黑7,双方下成打劫。

问题 94 解说

图 1 正解

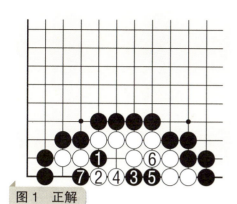
图 1 正解

黑 1 断是前提，白 2 如果打吃，黑 3 又是攻击白棋的巧妙次序，白 4 时，黑 5 先手与白 6 交换后，黑 7 扑，白棋仅能成一只眼。

图 2 变化

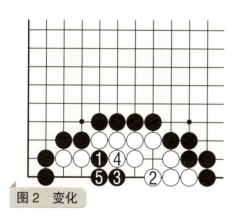
图 2 变化

黑 1 时，白 2 如果做眼，黑 3 尖是好棋，白棋不行。其后白 4 时，黑 5 连接，白棋由于两侧都不入气，只好束手就擒。

图 3 失败

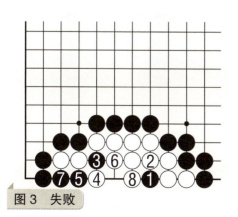
图 3 失败

黑 1 直接打吃次序错误，白 2 连接，黑 3 再断，以后黑 5、7 扑吃时，白棋不连接，而是白 8 提子，结果白棋可以活。

问题 95

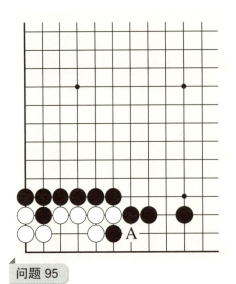

问题 95

黑先。A位如果有黑子则是基本型，A位即使无子，黑棋也会有令人吃惊的手段可施。本题也是基本型的应用，其急所是相同的。请问黑棋应如何下？

问题 96

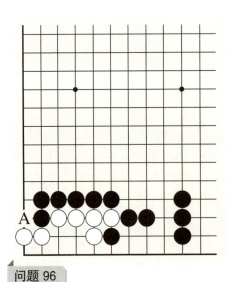

问题 96

黑先。本题与问题95相似，不同点是本题中的白棋在A位有气。那么请问本题与问题95的急所是否相同？应该怎样下才是正确的？

问题 95 解说

图 1 正解

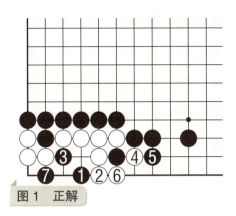

黑1点是攻击的急所，白2如果断，黑3在左侧断是准备好的手段，白4时，黑5、7两打后，白棋无法继续抵抗。

图 2 变化

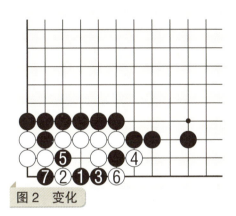

黑1时，白2虎防断，此时黑3渡是好棋，白4时，黑5强行倒扑，至黑7，白棋明显不活。

图 3 失败

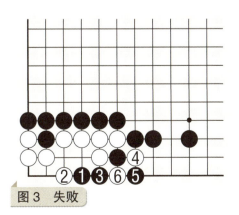

黑1、白2、黑3进行后，白4时，黑5做劫软弱，结果黑棋当然失败。

黑1点的下法在实战中经常使用，希望大家不要忘记。

问题96 解说

图1 正解

黑1点是攻击的急所，白2虎，黑3以下至黑7是大家熟悉的次序。

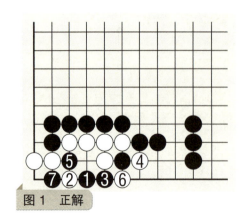

图2 变化

黑1时，白2如果切断，白棋也不活。此时黑3断是当然的，白4时，黑5、7是大家熟知的下法。其中黑5下在8位扳同样可行。

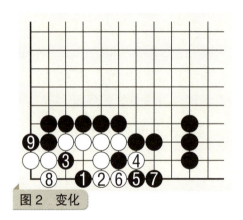

图3 失败

黑1以下进行至白4时，黑5做劫软弱，黑棋失败。

另举一例，黑▲一子如果位于A位，结果仍是白棋净死。

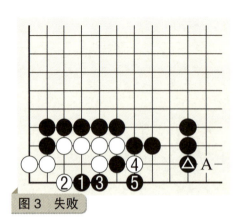

问题 97

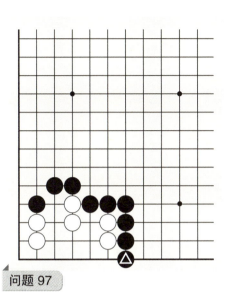

问题 97

黑先。黑▲一子如果不存在，本题则不成立。但现在黑▲一子存在，请问黑棋应如何攻击白棋？

问题 98

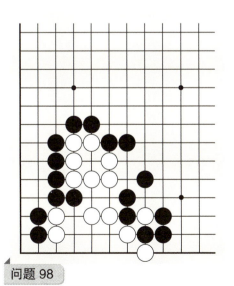

问题 98

黑先。黑棋在上方已有一眼，因此黑棋如要攻击白棋，关键是如何在下边破眼。请问黑棋怎样下才是正确的？下成打劫即是黑棋的失败。

问题 97 解说

图 1　正解

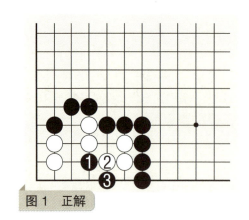

图 1　正解

黑 1 是奇特的构想，也是切断白棋命脉的唯一方法，白 2 时，黑 3 渡过，白棋不活。

图 2　失败 1

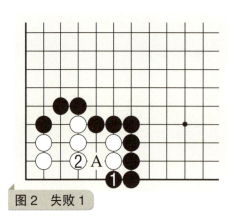

图 2　失败 1

黑 1 只不过是小官子而已，白 2 占据急所即可活棋。但白 2 如果下在 A 位补棋，被黑棋下在 2 位后，白棋不活。

图 3　失败 2

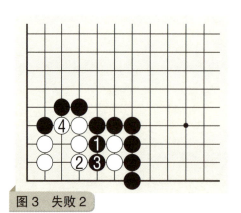

图 3　失败 2

黑 1 冲，给白棋造成的威胁不大，白 2、4 是做活的要领，结果白棋可以活。其中白 2 如果下在 3 位挡，黑棋在 2 位断后，白棋将不活。

问题 98 解说

图 1 正解

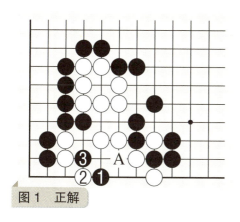

图 1 正解

黑 1 点入是正确的下法，其后白 2 如果阻渡，黑 3 打吃后，白棋即不活。黑 3 若下在 A 位断则不成立，请读者自行验证。

图 2 变化

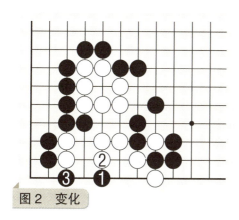

图 2 变化

黑 1 时，白 2 如果顶，黑 3 渡过后，白棋也不活。

图 3 失败

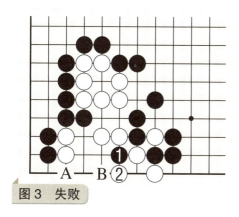

图 3 失败

如果在实战中，黑 1 断，白 2 做劫，这种手段非常常见，这一进行当然是黑棋失败。

另补充说明，黑 1 如果下在 A 位扳，白 B 位应后，白棋可以活。

问题 99

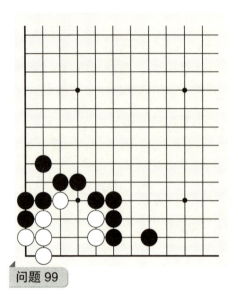

黑先。白棋看起来已是活棋，但实际上只是错觉。请问黑棋如何攻击白棋才是正确的？注意第一手棋与第三手棋均是绝妙的手段。

问题 100

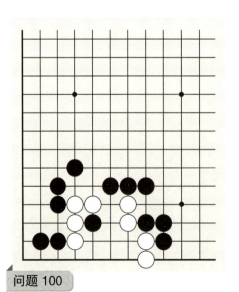

黑先。本题比较难。请问黑棋如何攻击白棋最佳？第一手棋是成败的关键。

问题 99 解说

图 1 正解

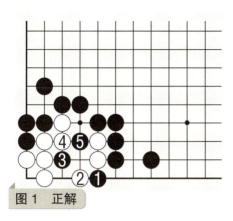

图 1 正解

黑 1 扳，白 2 挡时，黑 3 点绝妙，白 4 时，黑 5 打吃，结果白棋不活。

图 2 变化

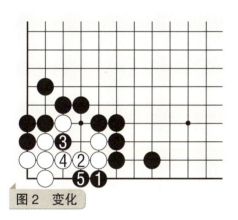

图 2 变化

黑 1 时，白 2 如果退，黑 3、5 则是显而易见的攻击方法，结果白棋不活。请大家自行确认，黑 1 时，白棋的其他应手均不成立。

图 3 失败

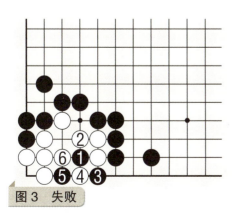

图 3 失败

黑 1 夹过于平常，白 2 应后，黑棋无论如何努力，都难逃接不归的命运。

问题100 解说

图1 正解

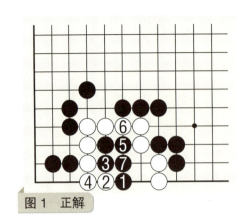
图1 正解

黑1点是正确的下法，可以伺机渡过或倒扑吃。白2是最顽强的抵抗，但黑3、5后，白棋不活。

图2 变化

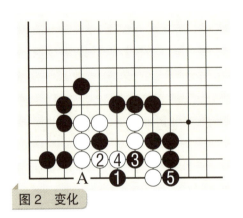
图2 变化

黑1时，白2如果吃住上方一子，黑3、5倒扑白二子可以成立。其中白2如果下在4位，黑A渡过，白棋仍然不活。

图3 失败

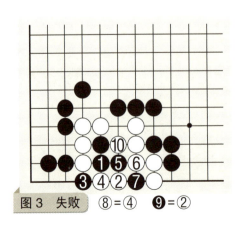
图3 失败　⑧=④　❾=②

黑1直接出动一子时，白2应是好棋，黑棋的攻击不成立。黑3试图渡过，白4以下至白10，白棋可以活。

问题 101

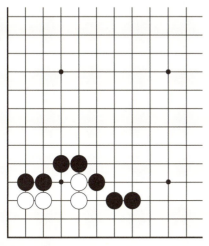

问题 101

黑先。本题是常见棋形之一。只要黑棋攻击正确，一手棋就可置白棋于死地。如果是实战，相信很多人会满足于先手官子。那么请问黑棋怎样下才是正确的？

问题 102

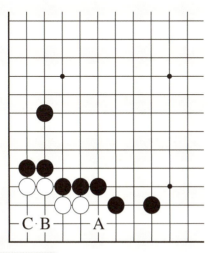

问题 102

黑先。黑棋如要攻击白棋，可从外侧的A位攻击，也能从内侧的B位或C位攻击，正确答案在这三个位置中选择。请问黑棋应如何下？

问题 101 解说

图 1 正解

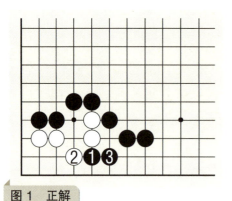

图 1 正解

黑 1 是很漂亮的下法，白 2 时，黑 3 退，结果白棋生存空间不够。

图 2 变化

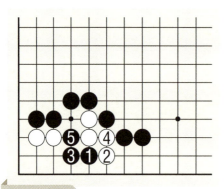

图 2 变化

黑 1 时，白 2 如果外扳，黑 3、5 可以成立，白棋同样失败。

图 3 失败

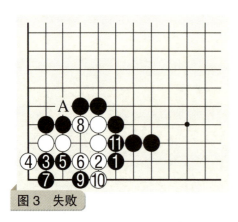

图 3 失败

黑 1 从外侧尖，效果不好。白 2 挡，黑 3 夹虽是急所，但以下进行至黑 11，双方下成打劫，且 A 位是黑棋的负担。

问题102 解说

图1 正解

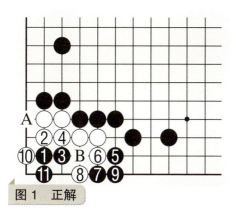

图1 正解

黑1点是正确的选择，白2时，黑3先手长，之后黑5压缩白棋，以下进行至黑11，其后黑棋在A位或B位中必居其一，结果白棋不活。

图2 变化

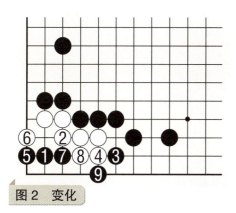

图2 变化

黑1时，白2如果连接，黑3是攻击的要领，其后黑5与白6交换又是重要的次序。以下进行至黑9，白棋即使吃去角上黑棋三子，也不活。

图3 失败

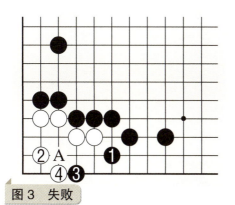

图3 失败

黑1攻击时，白2是正确的防守方法，其后黑3时，白4应，黑棋无后续手段。其中黑1如果下在A位，白2位应后，黑棋也不行。

问题 103

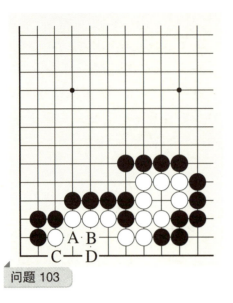

问题 103

黑先。在本题中黑棋存在必然的攻击要点。那么请问黑棋应如何下？黑A、白B、黑C、白D进行后，白棋可活，这一点必须清楚。

问题 104

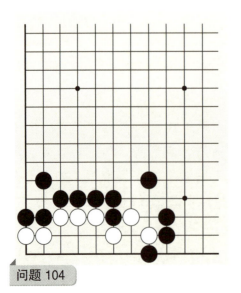

问题 104

黑先。本题中黑棋的第一手棋一眼就可发现，不过白棋的抵抗也相当厉害，使结果有点难以预料。如果是实战，很多人都不会有吃白棋的想法。请问黑棋怎样下最佳？

问题 103 解说

图 1 正解

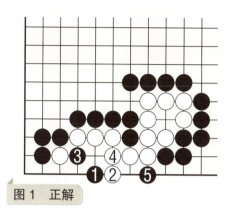
图 1 正解

黑 1 点在白棋三子的中央，是常用的攻击方法。白 2 时，黑 3 断，其后黑 5 扳，黑棋可以吃住白棋。

图 2 变化

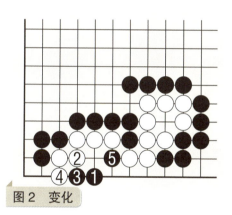
图 2 变化

黑 1 时，白 2 如果连接，黑 3、5 则是正确的次序。其中黑 3 如果下在 4 位扳，白棋下 3 位后，将会出问题，这一点请大家自行研究。

图 3 失败

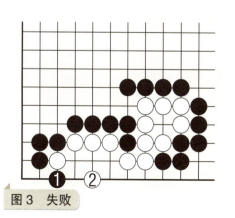
图 3 失败

黑 1 扳打，白 2 补棋是急所，白棋由此做活。

问题104 解说

图1 正解

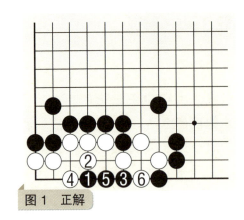
图1 正解

黑1点在白棋三子的中央,是攻击的急所。白2顶,黑3以下至白6是双方必然的进行,结果下成打劫,黑棋是先手劫。

图2 变化

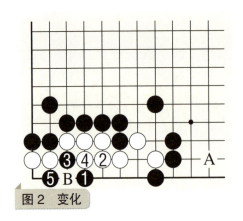
图2 变化

黑1时,白2如果连接,黑3断,白4打吃,黑5做劫,白棋可以先提劫,黑不如正解。A位如果有黑子,黑5下在B位连接可以成立。

图3 失败

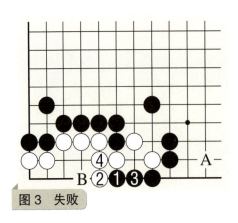
图3 失败

黑1、3只不过是先手官子,黑棋不满意。如果A位有黑子,白2改在B位守即可。否则黑3下B位可以成立。

问题 105 ▶▶

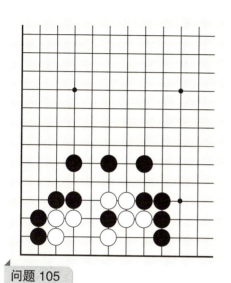

问题 105

黑先。本题又是一个比较难的问题。在本题中，如被白棋占据了要点，黑棋将不可能吃住白棋。请问黑棋如何攻击最佳？注意第五手棋很妙。

问题 106 ▶▶

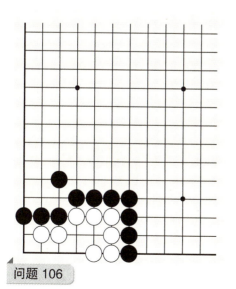

问题 106

黑先。如果不能全面掌握死活的手筋，黑棋很可能会认为吃不住白棋。请问黑棋如何下才是正确的？确定第一手棋后，再寻求给白棋致命一击的方法。

问题 105 解说

图 1 正解

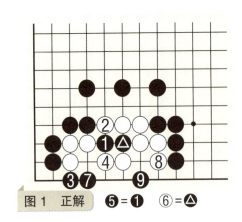

黑1正确，这一位置如让白棋占据，白棋可活。其后黑3扳、5扑绝妙，白6时，黑7、9之后，白棋不活。

图1 正解　❺=❶　⑥=△

图 2 变化

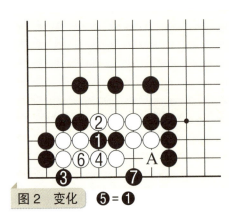

黑5扑时，白6连接，黑7或黑A之后，白棋也不活。

图2 变化　❺=❶

图 3 失败

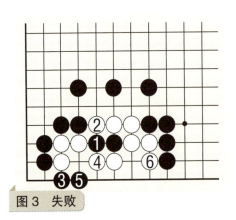

黑1至白4后，黑5长则过缓，白6只要挡住，白棋即可活。

图3 失败

问题106 解说

图1 正解

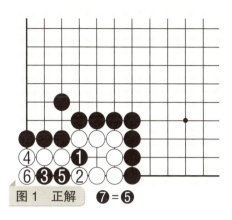

黑1断是好棋，白2打吃也是当然的，此时黑3是致命一击，白4时，黑5、7巧妙地下成双倒扑的棋形，白棋只能束手就擒。

图2 失败1

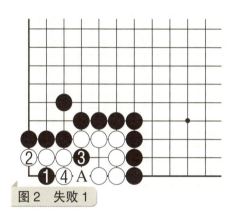

黑1次序错误，白2后，黑3再断已不成立，白4不在A位下子，而是下立补棋，结果黑棋失败。

图3 失败2

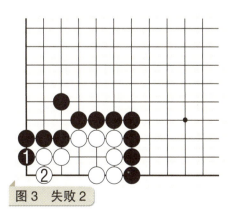

黑1缺少进取心，白2立后，白棋可活三目棋。

问题 107

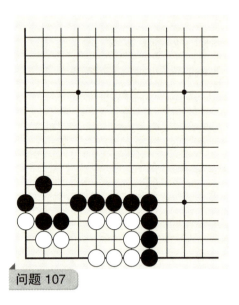

问题 107

黑先。本题是问题 106 的应用。黑棋在攻击时，为使白棋走出双倒扑的棋形，必须首先完成必要的次序。请问黑棋应如何下？

问题 108

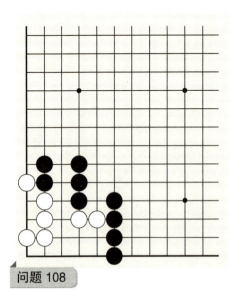

问题 108

黑先。白棋在角上已有一眼，请问黑棋如何下才能不让白棋成另一只眼？注意第三手棋是粉碎白棋意图的关键。

问题107 解说

图1 正解

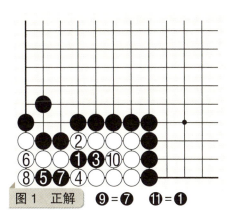

图1 正解　❾=❼　⓫=❶

黑1先扳，白2切断，此时黑3长多弃一子是重要的次序。白4时，黑5至黑11已是大家熟悉的下法，白棋由于面临双倒扑，只能举手投降。

图2 失败1

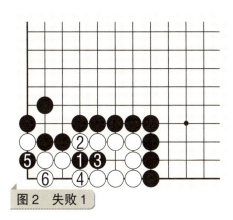

图2 失败1

图1中的黑5如果下成本图中的黑5，真是非常令人遗憾的事情，白6下立后，白棋可以活。

图3 失败2

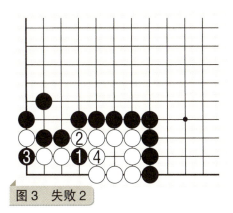

图3 失败2

黑棋如果没有掌握正解中的攻击方法，黑1、白2进行后，黑3提子，只不过是先手官子，无法令人满意。

问题108 解说

图1 正解

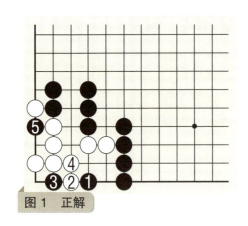

黑1跳是不易发现的攻击手法，白2是最顽强的抵抗，而黑3是粉碎白棋意图的唯一下法，白4时，黑5扑，结果白棋不活。

图2 失败1

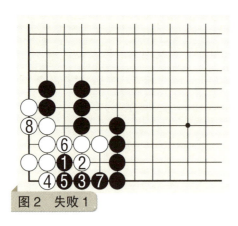

黑1攻击白棋时，白2以下至白8是正确的对策，结果黑棋吃不住白棋。

图3 失败2

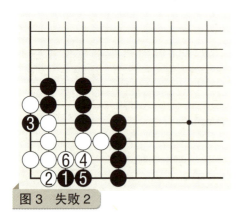

黑1是想后续在2位或3位攻击白棋，但白2、黑3交换后，白4、6可以做眼，黑棋失败。

问题 109

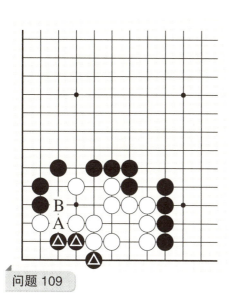

问题 109

黑先。黑棋在攻击白棋时，黑△三子的联络问题成为黑棋的负担。黑A时，白B断是必然的，请问其后黑棋的绝招是什么？

问题 110

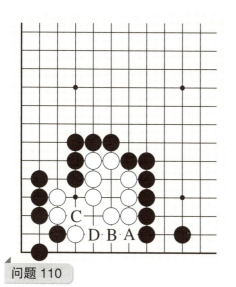

问题 110

黑先。黑棋如要在下方破眼，关键在于行棋次序。黑A时，白B应，黑棋不行；黑C时，白D应，黑棋同样不行。请问黑棋应如何下？

问题 109 解说

图 1 正解

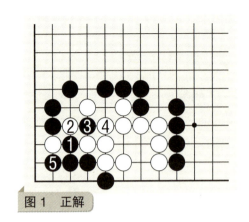

图 1 正解

黑 1 先与白 2 交换是必然的次序，此时黑 3 扑是黑棋的绝招，白 4 提子，黑 5 打吃后，白棋已不活。

图 2 变化

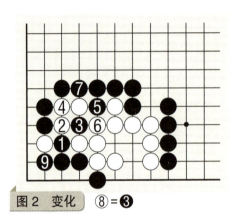

图 2 变化 ⑧=❸

黑 1、白 2 时，黑 3 扑，白 4 如果连接，黑 5、7 先手破眼，至黑 9，白棋仍不活。

图 3 失败

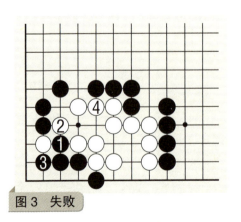

图 3 失败

黑 1、白 2 时，黑 3 单补缺乏力量，白 4 连接后，白棋可以做活。

问题 110 解说

图 1 正解

黑 1 先冲是好棋，白 2 挡时，黑 3 破眼，结果白棋不活。

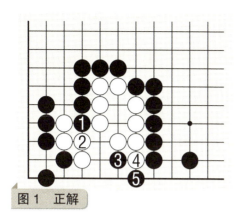

图 1 正解

图 2 变化 1

黑▲时，白 1 如果挡，黑 2 夹是好棋，白棋仍难免一死。

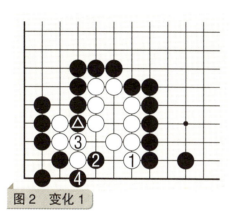

图 2 变化 1

图 3 变化 2

黑▲时，白 1 尖进行抵抗，但黑 2、4 正确，白 5、7 时，黑 6、8 破眼是基本手法，白棋不行。

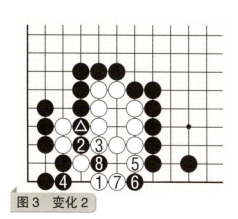

图 3 变化 2

问题 111

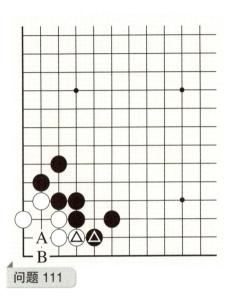

问题 111

黑先。在本题中，白△与黑▲交换是恶手，如果没有这一交换，白棋已经活了。如黑A攻击，白B应后，白棋已活。请问黑棋怎样下最佳？

问题 112

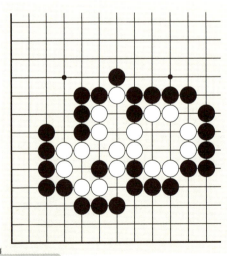

问题 112

黑先。初看本题，有人或许会认为我们出题错误，但是事实上，黑棋可以破白棋右侧的眼位，仅让白棋在左边下成一眼。请问黑棋如何下？

问题 111 解说

图 1 正解

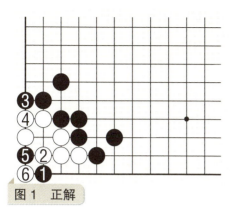

黑 1 点是常用的攻击方法，白 2 应是必然的，此时黑 3 下立是好棋，以下至白 6 下成打劫，这是双方的最佳进行。

图 2 失败

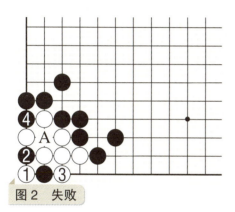

图 1 中的白 4 如果下成本图中的白 1 是错误的，至黑 4，白棋不能在 A 位连接。同样是打劫，本图是黑棋先提劫。

图 3 参考

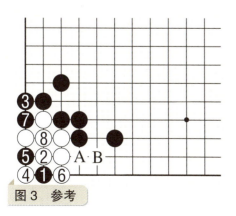

白 A 和黑 B 没有交换的话，白棋是活棋。黑 1 点时，白 2 以下至白 6 的进行可以成立，其后黑 7 时，白 8 可以连接，这是本图与图 2 的不同点。

问题112 解说

图1 正解

黑1利用弃子是大家已学会的下法，白2时，黑3、5先手利用后，黑7挤是妙手，结果白棋右侧没有眼位。

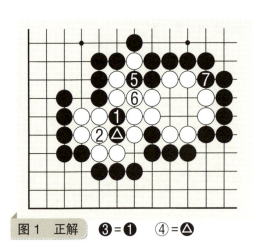

图1 正解　❸=❶　④=△

图2 失败1

黑1提子是错误的下法，白2连接后，白棋可以活得更大。

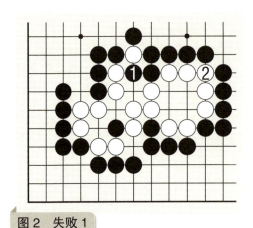

图2 失败1

图3 失败2

黑1先挤虽也可破白右侧眼位，但由于缺少正解中黑1、3的次序，黑棋犯了操之过急的错误。白2做眼后，白棋即可以活。

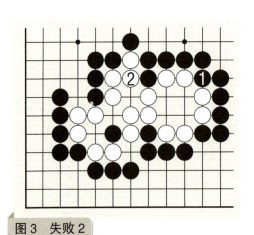

图3 失败2

问题 113

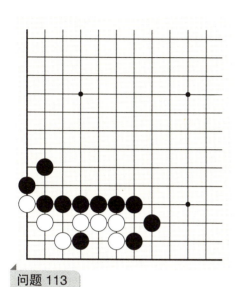

问题 113

黑先。本题从感觉上看,黑棋应诱使白棋下成不入气的状态。请问黑棋应如何下?

问题 114

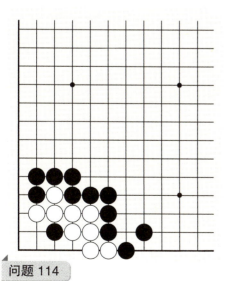

问题 114

黑先。本题比较简单,只要黑棋的第一手棋与第三手棋走对,白棋就会束手无策。请问黑棋应如何下?

问题113 解说

图1 正解

黑1在"二·一"位点经常是急所，白2连接必然，黑3、5打吃，其后黑7、9得要领，白棋由于两侧都不入气，结果只好束手就擒。

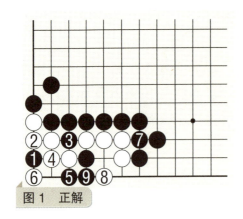

图1 正解

图2 失败1

黑1先挤次序错误，白2应是急所，黑3以下至黑9，双方下成打劫。黑棋不能无条件吃住白棋，意味着失败。

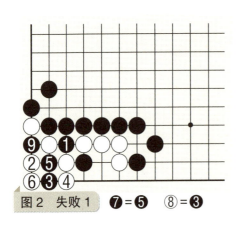

图2 失败1   ❼=❺   ⑧=❸

图3 失败2

黑1嵌错误，白2、4是正确的应对方法，以下至白6，白棋可以活。其中白4如下在6位，黑棋下在4位，白棋下在A位，黑棋再下在1位，结果与图2相同。

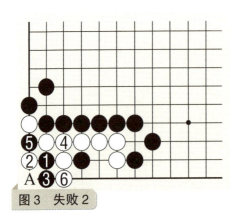

图3 失败2

问题 114 解说

图 1 正解

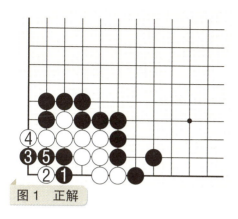

图 1 正解

黑 1 下立是冷静的好手，白 2 时，黑 3 又是巧妙的攻击手段，白 4 挡，黑 5 连接，结果黑棋下成有眼杀无眼。其中黑 3 如果下在 5 位，白棋下在 3 位后，双方将下成打劫。

图 2 失败 1

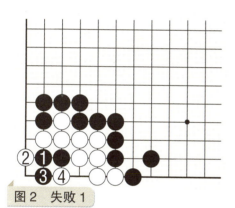

图 2 失败 1

黑 1 攻击时，白 2 扳是好棋，至白 4，双方下成打劫。其中黑 3 如果下在 4 位，白棋下在 3 位，双方仍是打劫。

图 3 失败 2

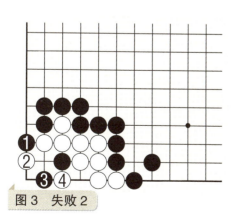

图 3 失败 2

黑 1 扳也是错误的下法，白 2 挡，黑 3 时，白 4 抵抗可以成立，双方仍是打劫。

问题 115

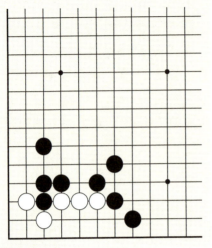

问题 115

黑先。如果能一眼就看出本题的要点，则说明已达有段水平。而处于中级水平的读者们应从角的急所考虑，争取轻松解决问题。请问黑棋应如何下？注意第一手棋是关键。

问题 116

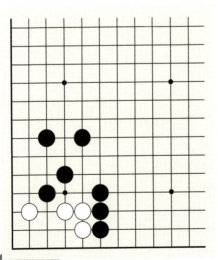

问题 116

黑先。本题与问题 115 相似。白棋的空间虽然比较充分，但只要黑棋攻击得当，白棋同样不能活。请问黑棋怎样下最佳？

问题 115 解说

图 1 正解

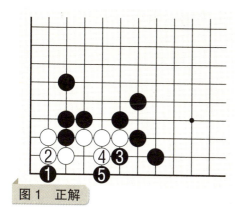

图 1 正解

黑 1 点是角上的急所，也是锐利的攻击手段，白 2 时，黑 3、5 压缩白棋的生存空间，白棋不活。

图 2 变化

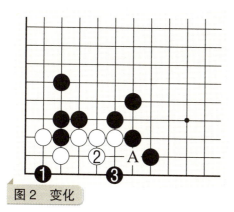

图 2 变化

黑 1 时，白 2 应，其目的是以后下 A 位后，双方形成打劫。但由于黑 3 飞是好棋，白棋无法抵抗。

图 3 失败

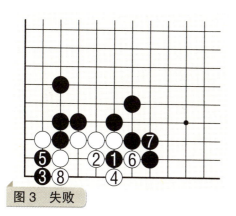

图 3 失败

黑 1 先扳次序错误，白 2 后，黑 3 再点，此时情况已发生了变化。白 4 打吃，以下至白 8，白棋可以活。其中黑 5 如果下在 6 位，白棋下在 5 位，白棋仍可活。

问题116 解说

图1 正解

黑1与白2交换后,黑3点是巧妙的攻击手段,白4连接时,黑5扳是与问题115相同的要领,结果白棋不活。

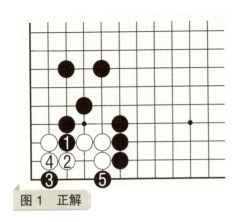
图1 正解

图2 失败1

黑1、3错误,白4、黑5进行后,白6是妙手,以下至白12,白棋可以活。实战中黑7会下在8位,双方下成双活。

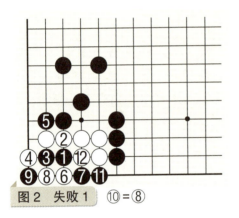
图2 失败1　⑩=⑧

图3 失败2

黑1挡是错误的攻击方法,白2一手做活,白棋很充分。

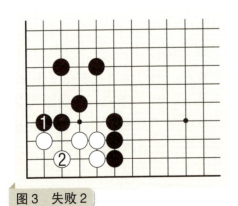
图3 失败2

问题 117 ▶

黑先。本题中的白棋空间相当大，黑棋第一手棋的选择非常重要。请问黑棋应如何攻击白棋？

问题 117

问题 118 ▶

黑先。黑棋如要与白棋打劫，黑A、白B简单进行后即可。请问黑棋如何才能避免打劫，且无条件吃住白棋？

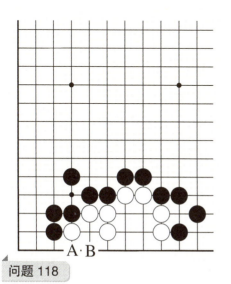

问题 118

问题 117 解说

图 1 正解

黑1夹是急所，白2时，黑3、5之后，双方下成打劫。黑棋先手劫。

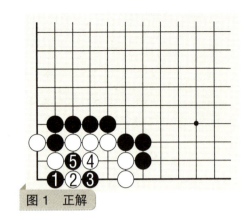

图 2 变化

黑1时，白2如果连接，黑3扑后，双方又下成打劫。现在是白棋先手劫。

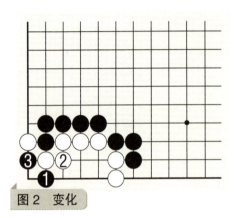

图 3 失败

黑1点虽然位于白棋三子的中央，但由于白2应是好棋，以下至白6，黑棋失败。

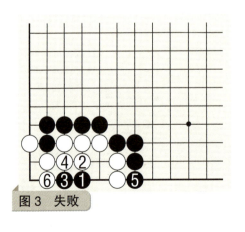

问题118 解说

图1 正解

黑1点是避免打劫的唯一下法，白2挡，黑3连回即可，结果白棋的做活空间不够。其后白4下立时，黑5、7一下，黑明显是死棋。

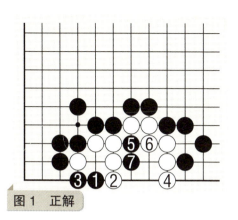

图1 正解

图2 变化

黑1时，白2断不成立，黑3、5进行后，即可吃住白棋。

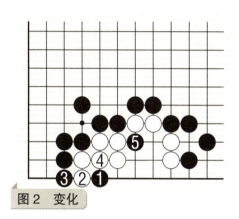

图2 变化

图3 失败

黑1夹，白2时，黑3渡过，白4以下至白8的进行，白棋活。其中黑3如果下在4位，经白A、黑B、白8、黑C，双方下成打劫。

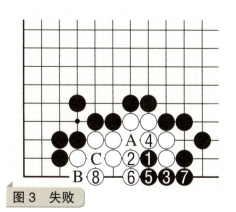

图3 失败

问题 119

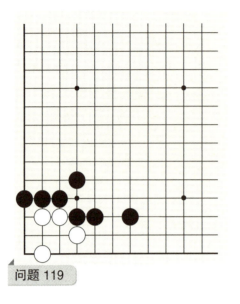

问题 119

黑先。本题是角上死活问题中著名的一种。黑棋的第一手棋虽很明显，但第三手棋不易发现。请问黑棋如何下才正确？

问题 120

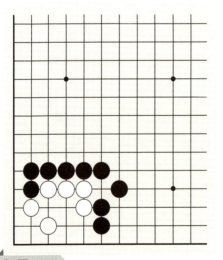

问题 120

黑先。黑棋破白棋眼位的急所一眼就可以发现，不过请小心，黑棋抢占急所前，必须先进行一个次序交换。请问黑棋如何下才正确？

问题 119 解说

图 1 正解

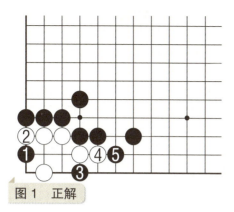

图 1 正解

黑 1 点可以轻易发现，问题是白 2 应后，黑棋应如何下？此时黑 3 是巧妙的手筋，白 4 时，黑 5 虎，结果白棋不活。

图 2 失败 1

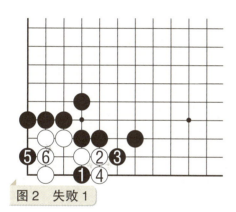

图 2 失败 1

黑 1 是失败的下法，次序错误。白 2 长，黑 3 挡，其后黑 5 点时，白 6 不断，而是补棋，结果白棋可以活。

图 3 失败 2

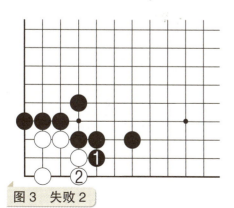

图 3 失败 2

黑 1 挡说明对围棋死活知识缺少了解，白 2 下立后，白棋已活。

问题120 解说

图1 正解

黑1先点是正确的,与白2交换后,黑3再破眼。

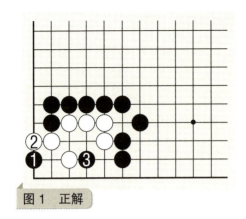

图1 正解

图2 变化

黑1时,白2挡进行抵抗,黑3以下至黑7攻击,结果白棋不活。

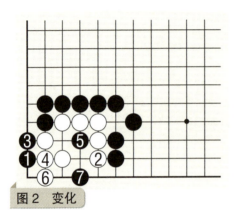

图2 变化

图3 失败

黑1操之过急,白2、4抵抗后,双方下成打劫。

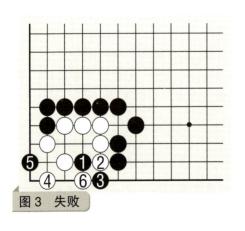

图3 失败

问题 121

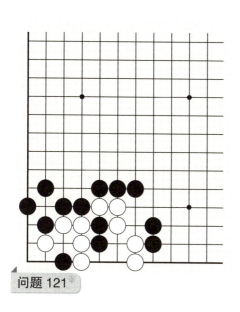

黑先。白棋看起来已是活棋，但实际上白棋角上棋形还存在缺陷。请问黑棋应如何攻击白棋？

问题 121

问题 122

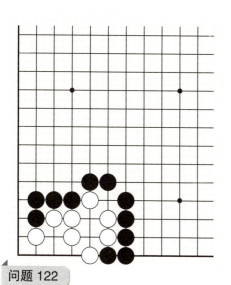

黑先。白棋的棋形看似已很完整，但实际上白棋右侧是后手眼。请问黑棋如何攻击白棋？

问题 122

问题 121 解说

图 1　正解

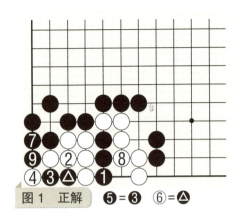

黑1打吃，其后黑3是奇妙的攻击方法，白4时，黑5扑，以下进行至黑9，白棋不活。

图 2　失败 1

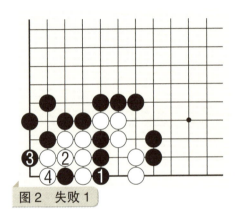

图1中的黑3如果下成本图中的黑3，则白4提子后，白棋已活。

图 3　失败 2

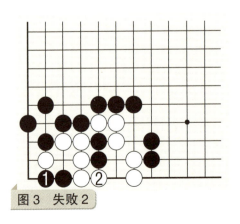

黑1次序错误，白2应后，白棋可以活。

问题122 解说

图1 正解

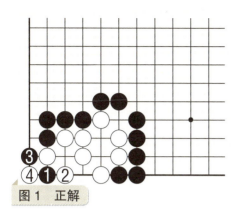

黑1夹是正确的下法，白2虎也是最佳应法，以下黑3、白4，双方下成打劫。

图2 变化

黑1时，白2如果下立，黑3破眼可以成立，白4以下至黑7，双方下成打劫。与正解不同的是，本图是黑棋先提劫。

图3 失败

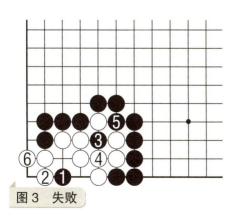

黑1点看似急所，但白2应即可，其后黑3、5破眼，但至白6，白棋在盘角又做成一眼，白棋可以活。

问题 123

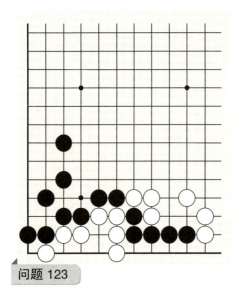

问题 123

白先。本题是中级死活问题中的最后一个问题。白棋如果只用常识性的下法，无法取得对攻的胜利。请问白棋的手筋是什么？

问题 123　解说

图 1　正解

白 1 先做一眼是长气的急所，黑 2 扑是绝对的，白 3 以下至白 7，白棋在对攻中取胜。

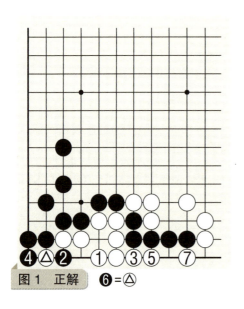

图 1　正解　❻=△

图2 变化

图1中的黑4如果下成本图中的黑4挡，以下至白9，白棋仍在对攻中取胜。

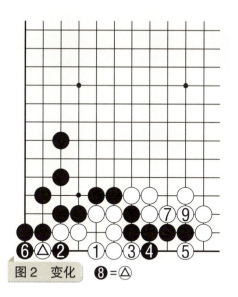

图2 变化　❽=△

图3 失败

白1直接紧气，被黑2占据急所，结果黑棋在对攻中快一气。其中白3如果下在6位，虽可下成打缓气劫，但仍属白棋失败。

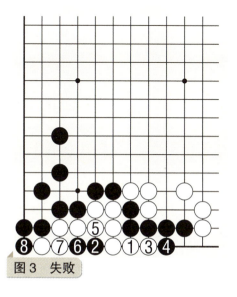

图3 失败

曹薰铉、李昌镐精讲围棋系列

第一辑

精讲围棋官子.官子计算
精讲围棋官子.官子手筋
精讲围棋官子.官子次序

第二辑

精讲围棋棋形.定式常型
精讲围棋棋形.棋形急所
精讲围棋棋形.手筋常型

第三辑

精讲围棋布局.布局基础
精讲围棋布局.布局技巧
精讲围棋布局.布局实战1
精讲围棋布局.布局实战2
精讲围棋布局.布局实战3

第四辑

精讲围棋定式.星定式
精讲围棋定式.小目定式
精讲围棋定式.目外高目三三定式
精讲围棋定式.定式选择
精讲围棋定式.定式活用

第五辑

精讲围棋对局技巧.基本技巧
精讲围棋对局技巧.接触战
精讲围棋对局技巧.实战对攻

第六辑

精讲围棋中盘技巧.打入与侵消
精讲围棋中盘技巧.攻击
精讲围棋中盘技巧.试应手

第七辑

精讲围棋手筋.1
精讲围棋手筋.2
精讲围棋手筋.3
精讲围棋手筋.4
精讲围棋手筋.5
精讲围棋手筋.6

第八辑

精讲围棋死活.1
精讲围棋死活.2
精讲围棋死活.3
精讲围棋死活.4
精讲围棋死活.5
精讲围棋死活.6